精准提升

别让不懂时间管理害了你

辛岁寒 ◎ 著

PRECISION
ASCENSION

文匯出版社

图书在版编目（CIP）数据

精准提升：别让不懂时间管理害了你 / 辛岁寒著. -- 上海：文汇出版社，2020.1
ISBN 978-7-5496-3074-5

Ⅰ．①精… Ⅱ．①辛… Ⅲ．①时间－管理－通俗读物 Ⅳ．①C935-49

中国版本图书馆CIP数据核字（2019）第278201号

精准提升：别让不懂时间管理害了你

著　　者 / 辛岁寒
责任编辑 / 戴　铮
装帧设计 / 末末美书
出版发行 / 文汇出版社
　　　　　上海市威海路755号
　　　　　（邮政编码：200041）

经　　销 / 全国新华书店
印　　制 / 三河市龙林印务有限公司
版　　次 / 2020年1月第1版
印　　次 / 2020年1月第1次印刷
开　　本 / 880×1230　1/32
字　　数 / 128千字
印　　张 / 7
书　　号 / ISBN 978-7-5496-3074-5
定　　价 / 36.00元

目 录

第一章 不懂工作方法，你就自己累

1. 你的工作，不需要加班思维 /002
2. 不懂工作方法，你就自己累 /011
3. 你只是看起来很忙 /019
4. 升职的正确姿态 /028

第二章 周末别做那只迷途的候鸟

1. 方向不对，努力白费 /038
2. 效率决定成败 /046
3. 周末别做那只迷途的候鸟 /054
4. 你说"我很忙"的样子很难看 /063

第三章 学会区别重要事和紧急事

1. 别急,你要懂精准努力 /074
2. 番茄时间管理法 /082
3. 不要事倍功半,要事半功倍 /090
4. 学会区别重要事和紧急事 /098

第四章 生活不止工作,还有"诗和远方"

1. 生活不止工作,还有"诗和远方" /108
2. 别让工作拖累你的家庭 /116
3. 爱情向左,工作向右 /124
4. 生活,在八小时以外 /132

第五章 精进：如何成为一个有学习力的人

1. 你的工作，必须劳逸结合 /142

2. 慢半拍 /150

3. 为你的人生瘦瘦身 /158

4. 精进：如何成为一个有学习力的人 /166

第六章 世界很忙，余生请勿慌张

1. 情商高，就是会说话会办事 176

2. 先做计划，再玩"手段" /184

3. 高效能工作方法 /192

4. 世界很忙，余生请勿慌张 /201

序

世界很忙，不必慌张

你是否常听人说："我太忙了，一点儿自己的时间都没有。"或者，你自己就有这种感觉？

你身边是否有这样的人：他们工作很忙，也挣了很多钱，日子过得潇洒不说，人生仿佛开挂了一般。但他们并不是含着金汤匙出生的，只不过是经过后天的努力干出了一番成就。

只不过，有些人把他们成功的原因归结为：运气好。

以上两种人，分别对应着两种人生，他们形成了很强烈也很现实的对比。

比你勤奋的人买了豪宅、开上了豪车，这无可厚非。但没你勤奋的人却过上了你向往的生活，这又是为什么呢？因为，世界很忙，你却不懂得如何去忙。你一不小心便跳进了世界给你设置的陷阱,所以总是瞎忙。

这是一个日新月异的世界,变化快到可能你一闭眼、一睁眼,世界就又迈进了一个新时代。而生存于这个世界的你,只能从清晨起床开始,慌张地跟随世界的节奏去熟悉它,去追赶它。

这个过程很艰辛。因为,这代表着每天你都在接触新事物,每天你都要不断地努力学习,用自己的方式去维系自己与世界的平衡关系。你不敢停下来,因为你身后空无一人一物,没什么给你做后盾。

这就是我们慌张的原因。

读书时,老师会说:"同样是在一个班里学习,为什么别人的成绩就比你好?"

工作以后,领导会说:"同样是一种岗位的同事,为什么别人就比你做得好?"

谈恋爱时,对象会说:"同样是谈恋爱,为什么别人就谈得那么有趣?"

……

这种话听久了,我们会扪心自问:同样是人,我到底哪里做得不对,才没有别人过得好?慢慢地,我们也学会了把它挂在嘴边,时不时用在别人的身上:"同样是人,你为何没有别人过得好?"

答案是：在这个人人都很忙的世界里，你不会忙。

"忙"这个字眼，我们常常从别人嘴里听到，或者自己也常常脱口而出。

"会忙"，这是一个很笼统的说法，但仔细研究一下，会发现它很有道理。

不会忙的人，生活中经常会遭遇失败。三个小时的活儿，也许六个小时都干不完；接到一项紧急任务，研究半天都不知道如何着手去做；花不少时间做了很多事情，到最后都是白忙活……

而会忙的人呢？三个小时的活儿，一个小时就干完了，并且还能顺带干点别的事；接到一件从未做过且毫无相关经验的事，也能快速入手，最终完美地完成；做任何事情都有自己的想法，让人不得不赞叹……

同样是在忙，但忙了许久之后，会忙的人早已收获许多；不会忙的人却只能原地踏步，到头来空欢喜一场。

我也曾有过许多不会忙的时候。比如，遇事慌张、自乱阵脚、拖延、瞎忙，有时甚至根本不知道在过去的两三天里自己到底做了什么事情，等自己恍然大悟后很多时间已经浪费掉了。

我也曾遇见过许多会忙的人，他们活得张扬，活得有力量，但他们也是一点一点成长为做事干净利落的人的。

我从不会忙的人身上得到了许多经验和教训，而之所以把它们写进这本书里，就是想要分享给读者。同样，书中还有很多会忙的人，他们的做事技巧和成就，也将带给读者精神上的启发。

愿你和我一起带着这本书上路，并对这个世界说："嗨，你好，我很忙，但并不慌张。"

第一章

不懂工作方法，
你就自己累

1. 你的工作，不需要加班思维

I

张雷是我做第一份工作时的邻桌同事，也是公司里著名的"加班狂魔"，天天晚上要加班到最后一班地铁停运之际才肯罢休。但是，他勤勤恳恳地工作了一年，却依旧待在原岗位上，没有升职加薪。

刚去公司那会儿，张雷给了我极大的压力。

一是，作为新人，我比老员工走得早，这在职场中是一种不太好的现象。二是，辛勤工作的张雷与悠闲散漫的我形成了强烈的对比。于是，我只有跟他耗着，等同事都走得差不多了，才悄悄地从他眼皮子底下离开。

我时常疑惑：公司给每个人分配的工作量其实差不多，大家都能在下班前后完成，为什么只有张雷每天要加班到很晚呢？

后来，某一个节假日前，为了能更好地休息，我便决心留下来将后面几天的工作提前做完再离开,这时我才发现张雷加班的原因。

张雷属于勤奋刻苦型的人,每一次上级下达的命令,他都会一一去执行。但由于手头有许多工作都没有整理好,他就手忙脚乱地不知从何做起。于是,他干脆从新任务开始做起,把旧任务搁在一边。等他再想起旧任务来时,白天已悄然过去,所以他不得不熬夜加班把工作做完。

久而久之,件件工作堆积下来,张雷不得不慢慢习惯加班的生活。

跟我一同进公司的,还有对桌的栗子。

栗子刚上班一个星期,工作量便频繁地加重。她每天在办公室里"鬼哭狼嚎"的,却依旧能准时下班,甚至比许多老员工的工作效率还高。

张雷很好奇:作为新人,栗子为什么从来不用加班?

栗子得意地将新买的便利贴分了一半给张雷,说:"从明天开始,把你要做的事情先写下来,再按照时间顺序分等级,按照轻重缓急打星。星最高、等级最高的事情先做,再依次类推慢慢地一件件做下去。"

慢慢地,张雷办公桌上的贴纸越来越多,回家也越来越早。

由于做事干净利落,再加上进公司的时间足够长,张雷就被上级提拔到了重要岗位。而且,如今他手边永远都有一本笔记本,他已经养成了时时记录工作进度的习惯。

为此,张雷专门请栗子大吃了一顿,以表感谢。

工作本身就是一场与时间的博弈,我们却因为毫无计划地随便去做,一切就从省时变成了浪费时间。这不是在忙,是在瞎折腾。

真正的忙,是清楚地知道自己一天的工作是什么,让自己有条不紊地管理时间,估算能怎样在最快的时间里更好地去完成工作。

II

毕业后没多久,朋友圈里就掀起一阵"加班潮",其中数秦阳发自拍最为频繁。几乎每隔一天,他就会在朋友圈里发自己坐在电脑前吃着夜宵的自拍照,并常常附上简单的两个字:加班。

但这样的秦阳,在大学时是一个坚定反对加班的人。因此,当初找工作时,他才会看上一份准时下班的地产销售工作,是同学中本科所学专业与就业行业相差最大的一个。

在不到三个月的时间里,他变成了当初自己最讨厌的模样。但是,他加班的原因很简单:"我没有做过销售,我不知道该怎么做。对于一个新人来说,很多事情都需要花时间去摸索,我不知道从哪里开始——这个岗位到底是做什么的,我还是不太明白。"

他的理由很多,却没有任何一个可以成立。

想要转行,势必要比他人付出更多,秦阳刚进公司时就已经做好了心理准备。公司考虑到他本科学的是机械专业,于是派了一位资深地产销售员做他的导师。奈何导师非常忙,只能带着他在熟悉工作环境和一些基础工作之后,便开始给他安排任务,让他自己去积累经验。

秦阳什么都不懂,不知道从何处开始发力。加上自己脸皮薄,一直不知道以什么方式去开口请教同事,又不想打扰导师,每次他只好绕弯子去找同行里的熟人询问,这才愣头愣脑地一个人死撑着上了手。

但他的工作效率依旧很低,每天只能通过加班来弥补自己的不足。其他同事都忙完走了,他一个人还开着台灯埋头整理客户资料,他感叹自己从未如此挫败过。

直到某一天下班很晚了,导师返回公司拿资料时看见秦阳在加班,惊讶地问:"小阳,你怎么还在加班?"

秦阳抬起头来,一时不知所措。导师笑眯眯地看了他的办公桌一眼,说:"这段时间我有些忙,一直在等着你来问我,结果你到现在都没有来问过我,原来是每天都在加班呀!"

秦阳摸摸头，不好意思地笑起来。导师放下手里的文件夹，耐心地给他讲起工作中的注意事项和工作技巧。

秦阳听后，恍然大悟：原来在工作中要学会必要的工作技巧，那才是提升工作效率最快的方法。

从那以后，秦阳开始主动跟同事沟通，一有问题就去找导师咨询，他也不放过任何向公司里的优秀业务员学习的机会。

渐渐地，秦阳从一个月不开一单的小销售员，变成了公司的精英之一，也不会在朋友圈里发加班的自拍照了。我们笑着说他终于找到了"不闹腾"的技巧。

秦阳自豪地说："不加班的技巧，就是找到工作中的小技巧，让自己更快地去适应工作。"

工作的烦琐和艰辛，是每个上班族都要面对的，如何在工作中又准又快地上手，是我们一直追求的目标。如果一味地按照自己的方式去应对，反而会给自己的工作造成阻碍。

这不是在忙，是在瞎折腾。

真正的忙，是不懂就问，找到工作中的一些小窍门，知道自己该如何对症下药，那样才能更好地在有限的时间创造更大的收益。

第一章 不懂工作方法，你就自己累

Ⅲ

若要说谁是真正的加班一族，那莫过于程序员了，他们没有白天和夜晚，只有上班和下班。猿猿就是这样的程序员之一。

猿猿在大学里学的是计算机专业，毕业以后由老师推荐，以高分的笔试成绩顺利地进了一家互联网公司做程序设计。在小程序火热的那段时间里，他做了许多让我们玩起来爱不释手的小程序，但他却根本不热爱这份工作。

坐在电脑前一整天，为了一个程序，就要不停地在大脑中如同搜索引擎一样上百遍地查错，对于心中向往自由生活的猿猿来说，这犹如牢笼一样。

于是，猿猿在进公司的一个月后发誓，自己决不能做那个半夜还在电脑前改程序、一点自己的时间都没有、不到30岁就秃顶的"程序猿"。

对工作的抵触，让猿猿变成办公室里的"差不多先生"，他做什么事都差一点点。他总是踩着点打卡，或者干脆迟到，无论同事旁敲侧击多少次，他还是老样子。他想着，只要能拿到工资就行，业绩的好坏与自己无关。

工作中，他也不专心，常常去接水、上厕所、玩手机，难以安静下来。当上级指出他工作中的错误时，他也只是点点头说自己知道了，却还是屡教不改。

我曾问他为什么会出现这些情况,他叹了口气,无奈地回答我:"喜欢是一切的动力。"

猿猿不喜欢这份工作,但他也知道,无论喜不喜欢,自己还是要加班。为了修改一个错误,到深夜他还要敲上万行的代码,有时甚至要熬通宵。久而久之,他不但体质变差了,而且在工作中也没捞到啥好处。

辞职的想法,在猿猿的心中变得更加强烈。直到有一次他发烧在床,反思自己之前的行为之后,才明白了一个道理:如果一份工作是你极度不喜欢的,就要及时止损,避免无效忙碌。

病好了以后,猿猿立刻辞职报了设计班。从小就对设计有浓厚兴趣的他,一头扎进自己喜欢的事业里,充满了干劲。从接私单到自主创业,他竟成了同学中第一个买房的人,事业顺风顺水,也过上了自己向往的自由生活。

当初,猿猿辞去高薪工作时,我们总觉得他应该是朋友中最迷茫、在生活中最没有方向的人,最后他却活成了最充实、在生活中最得心应手的人。

在这个世界上有三百六十行,我们总能找到自己喜欢的一行。如果只是因为到了应该上班的年纪而随便找份工作混一辈子的话,这不是在生活,是在浪费生命。

所以,遇到自己不喜欢的工作,要及时止损。

第一章 不懂工作方法，你就自己累

真正的忙，是知道自己为何而忙——找到自己喜欢的事情，为之全力以赴，奋不顾身。那样的话，我们才能追赶上世界的脚步，创造无限的可能。

有时候，上班不一定就是找到了生活的方向，加班也不等于在努力工作。别让加班成为你的工作习惯，它是一种工作低效的体现。

知道自己想要的生活是什么，想要的未来是什么，该朝着什么方向去忙，才是真正的忙。这会给你的生活增添光彩，不会让你在生活中迷失最初的方向。

三 精准提升：别让不懂时间管理害了你

不加班小贴士：

①要对自己的工作进行统筹、规划。按照工作的轻重缓急来有序地进行，这样才能有条不紊地应付工作中的变化。

②学习工作技巧是必要的。要学会主动向前辈请教；建立个人社交关系，增进友谊；要善于学习别人的优点；一边努力，一边总结。

③当不喜欢一份工作时，不要抱着"差不多"的心理。你要告诉自己：既然来了，就全力以赴，或者赶紧离开，追寻自己可以为之奋斗终生的事业。

2. 不懂工作方法，你就自己累

I

我和阿姜算是同道中人，从创业初期开始，我们就不停地互相交流着经验。

阿姜在大学里学的是广告专业，因此，创业也是倾向于开广告公司一类。于是，她把广告业务往互联网推广方面发展，从创业开始，她几乎没有好好休息过。

创业初期，公司一共才有五个人。那时，阿姜一个人包揽了销售、后勤、人事等多份工作，每天都要处理各种事情。

对内，她要管理每个人的日常工作安排，以及督促每个项目的具体进度；对外，她要督促广告宣图的制作进度，约时间跟客户谈广告合作等。

阿姜十分努力地想让每个人都满意地完成工作，但每天面对没完没了的任务清单，她的努力似乎成效不大，以致后来把人搞得心力交瘁，耗尽了时间也没有达到预期的效果。

其实，阿姜是一个做事十分有条理的人，并且能够将事情都按照轻重缓急进行分类后再去做。即使如此，她还是要没完没了地干活。

有一次，阿姜跟我一起参加青年创业者研讨会，会上认识了另一家公司的创业者阿成，我们就管理公司方面进行了深度交流。

阿姜将自己的疑惑说给阿成听。阿成没有立刻回答她，反而问道："平时你在公司里都做哪些工作？"

阿姜如实地回答："工作做得比较杂，因为公司人手比较少，所以很多工作都是大家一起做。"

阿成摇摇头，指出她的问题所在："人的精力都是有限的，对你来说，分出轻重缓急是基础，但你在这个基础上需要做的是放下。"

阿姜不太认同阿成的话，在她的认知里，创业更多的是拿起而不是放下，厉害的人能把所有事情都做得漂亮。所以，她依旧按照自己的想法做着工作。

但每每到了对自己的星期目标、月度目标做出总结的时候，阿姜发现，那些所谓不重要的事情都被她搁到了一边，以致有时候错过了最佳完成时间，后期她又必须花更多的时间去弥补。

长此以往，阿姜终于懂得了阿成所说的话。

有时候，把工作按轻重缓急分类，只是完成工作的基础，而想要真正保质保量地完成工作，则要做好分配。比如，把不着急做的事情分摊给工作量相对少的人，不要事事往自己身上揽。

从此以后，阿姜便把自己不着急做的事情分给工作量相对少的人，自己则应对一些紧急任务。并且，她也取消了一些不必要的琐碎工作。此后，她的工作效率提高了许多，处理起公司的事情更加游刃有余。

做事情之前，要懂得把事情按照轻重缓急来分类。事实上，这个过程只是完成事情的基础，而人的精力是有限的，如果你想让事事都在自己的掌控范围内做完，这不是在完成工作，只是在应付工作。

真正聪明的人，是懂得分类之后如何平衡各种工作。完成工作的方法有很多，就像盖房子一样，在先打下基础框架之后，才能明白应该如何下手。

II

静雅跳槽之后，因为学历不高，找了一家电商平台做客服工作。她本以为新工作不累，能让自己喘口气，却发现每天的工作依旧没完没了。

客服工作内容看起来很简单,每天只需要在后台跟客户进行沟通交流,但操作起来稍显复杂。静雅看似每天只需要朝九晚五地坐在电脑前打打字,就可以完成所有的任务,但下班之后她还是要加班。

当静雅准备下班时,同事 A 叫她:"亲爱的,我有个报表需要填,你可以帮我填一下吗?"同事 B 叫她:"亲爱的,我好像把冲的咖啡忘在茶水间了,这会儿有点忙,你可以帮我拿一下吗?"同事 C 叫她:"亲爱的,这个月的月度统计工作该你们部门做,组长让我来找你拿。"

静雅一般不会说:"对不起,今天我有事急着走。"反而说:"好的呀,正好我已经忙完了。"

只要别人求助于静雅,她几乎都没有拒绝过。有时候这种事情做多了,她心里也会苦恼,想要开口拒绝,但在同事的第二遍恳求下她便又心软答应了。因此,她有着没完没了的"工作"。

时间久了,大部分同事都知道静雅"好说话",于是好多自己本应做的事似乎变成了杂事。她即使心有不快,但脸上依旧笑嘻嘻地回应着。

直到有一次,静雅家里出了事,家人给她打了电话,她需要下班就立刻赶回去。到了下班时间,她马上关了电脑准备离开,却又被主管拉住问:"静雅,这个月的销售报表，你什么时候可以给我？"

静雅蒙了，她不知道自己还要做销售报表，于是问道："销售报表不该我做吧？"

主管皱了皱眉头，说："今天是最后一天，秋秋说一直都是交给你做的。"

静雅有些气急，语气也跟着不满起来："做报表又不是我的本职工作，上次只是帮他们做，不能因为我帮了一次以后都是我做吧？哪有这种道理。"

静雅终于认识到了自己不懂得拒绝的坏处。

此后，同事的事情，能够帮的小事，静雅依旧会尽力去帮，但不太着急的事情便会找借口推托掉。她终于过上了朝九晚五的日子，还有大把时间做自己喜欢做的事。

有时候，一个人明明工作努力、工作内容也简单，好不容易做完了工作，结果还是要莫名其妙地加班。这有可能不是你能力的问题，而是你做事的态度导致的。比如，不懂得拒绝。

我们常说，乐于助人是一个人的良好品德。但前提是，对方真的需要自己的帮助，而不是把工作推给你，为他自己减轻负担。自己的事情自己做，懂得拒绝别人，在力所能及的范围内帮助别人，才能更高效地工作。

Ⅲ

朋友小昭是某建材公司的资料员,每天上班都有一大堆材料需要入库,还有一大批材料需要出库。她从早上坐到位置上,一直到下班都没有空闲的时间。

因此,每天小昭都在抱怨自己的工作,可专科毕业的她没有多大的底气跟本科生或者研究生去争好岗位。在这样的环境里,小昭一天比一天不开心,但她也只能马不停蹄地赶工作,把负面情绪积压在心里。

有一天中午,同事们都下楼去吃饭了,小昭还在赶工。等同事们吃完饭回来,她还在工作。

见小昭如此专注,一位同事问她:"你干吗这么着急?"小昭说:"我想快点把工作做完。"

同事又问:"为什么呢?"小昭笑道:"我还有其他事情要做啊,比如跟朋友约饭局、看电影等。"

同事进一步问:"那你做完这些事情之后呢?"小昭愣住了,结结巴巴地回答:"还有数不尽的事。"

这时,小昭才知道,工作本身对她来说是没有意义的——当自己完成了一件工作后,还会有更多的工作等待自己去完成。

过后几天里,小昭都在问自己:每天我这么努力,到底想要得到什么?难道仅仅是一个月三四千元的工资吗?

第一章 不懂工作方法，你就自己累

如果现在有一份同等工资但是自己喜欢的工作摆在面前，我会立刻去做吗？

答案是肯定的。

小昭虽是专科毕业，但是英语极好，在意识到自己错误对待工作的态度之后，她立刻为自己画了一个"饼"，将自己的特长和喜好写在饼里，而对于自己不满意的事情都写在饼外。然后，她找到了自己目前可以做的，并且喜欢的工作方向——辞职后，她找了一份在一家英语辅导机构当老师的工作。

小昭很热爱现在的这份工作，面对来来往往的学生，她倾注了大量的热情。真正有方向的努力，给了她前所未有的快乐，每天她也能准时下班，有了自己想要的私人时间。

工作是永远忙不完的，有的人忙了一辈子，直到退休后还没有脱离工作的苦海，但他的享受时间已所剩不多。你有没有想过，自己那么忙是为了得到什么？工作到底是为了工作本身，还是为了满足自己的欲望？

当你不爱一样东西的时候，你付出得再多都不会快乐，因为你在它那里找不到意义。所以，不如想一想自己的工作目的是什么，意义是什么——当我们的工作是为了实现自我发展而忙时，那么，它就是通往成功的路。

精准提升：别让不懂时间管理害了你

大部分人在工作中都是努力的，有些人甚至将自己一天的精力都花在了工作上，但有时候工作成果考验的不仅仅是我们的能力，还有我们处理工作的方法。

努力只是一种态度，而我们需要的是认清工作的目的，将工作分类——没必要的事情要学会放弃，还要懂得拒绝，以此来帮助我们更高效地完成工作。

快速干活小贴士：

①学会放弃。每个人的精力都有限，不是每一项任务都能做完。一生很短，学会放弃一些不必要的琐事，也算是一种健康的生活方式。

②懂得拒绝。工作是一项需要大家共同合作完成的事情，但共同合作不代表你要承担别人的工作。懂得拒绝，能让你的工作变得更顺畅，可以避免没完没了的琐事。

③认清自己的喜好，摆正态度。自己喜欢的工作会给你带来动力，而自己不喜欢的、无聊的工作则会给你带来失落。先问问自己喜欢什么，再去做选择。

3. 你只是看起来很忙

I

阿敏的英语口语十分优秀，上大学时她就参加了数次英语口语比赛，而且几乎次次都拿冠军。因此，毕业后她顺利地进入一家外贸公司，从事与外商交流的工作。

阿敏是一个勤奋的人，每天八点半就到了公司，吃完早饭后立刻坐在电脑前开始忙碌：打开QQ、微信、阿里旺旺，回复昨日漏掉的留言。然后，通过社交软件与外国的商家、工厂进行订单上的沟通，以及偶尔解决一些纠纷。

虽然阿敏对待工作很努力，但她有一个特别不好的习惯，就是任何一个动静都能吸引她的注意力。

工作中，只要偶尔跳出个新闻弹窗，阿敏就会手痒地点进去瞧几眼。等同事陆陆续续来了，她就开始跟大家分享自己刚看过的新闻。大家有一句没一句、嘻嘻哈哈地讨论完，她才把注意力收回到工作上。

或者是解决完一件事后，阿敏就松了一口气，拿起手机开始刷朋友圈、微博，点赞、回复。有时她连上厕所都拿着手机，翻来翻去忙个不停。

等一天的工作下来，阿敏往往会成为小组中最后一个下班的人。

阿敏的勤奋也被同事们看在眼里，一时之间她成了勤奋者的代表。但只有她知道自己在瞎忙，看似一整天都在跟客户沟通，而真正成交的订单量却很少。

到了月底计算绩效的时候，阿敏是全组最低的人，所以她的勤奋变成了同事口中的一个谜。久而久之，受到打击的她对工作越来越感到力不从心。

有一次，有个订单报表是临近下班时才下达的，全组为了这个订单奋战到很晚。阿敏发现，同事们很快再次进入新一轮的"战斗"当中，而自己却始终进入不了状态。好不容易"战斗"结束了，全组都疯狂庆贺，只有她还在摸索中。

组长拍了拍阿敏的肩膀，鼓励她："在工作中，要把碎片化时间利用起来，让自己随时能切换状态，这才是工作中应该修炼的能力。"

自此之后，阿敏便向同事们讨教经验。

原来，因为这份工作性质特殊，需要大家特别专心地干活儿，但每天每个人都会被各种事情吸引，所以很多同事在上班期间只用需要的软件,连手机都保持静音状态以确保自己不被打扰。

而阿敏之所以瞎折腾,在于她不会利用时间。

阿敏知道自己的问题之后,就开始修炼利用时间的能力。她把电脑里不需要的软件清理干净,又把手机等一切通信设备调成工作模式。为了不让自己被打扰,她在电脑上面贴了一个便利贴,写着两个字:工作。

渐渐地,阿敏的业务能力有了明显的提高,她也能随着工作的脚步快速地进入状态。

我们每天要做的事有很多,接触到的人也有很多。所以,上网聊天、看新闻、说闲话等,都能让很多时间白白溜走。这就让碎片时间显得更加琐碎了,因为工作没有系统性,自然就不会专心去做。

这样,再忙也只是瞎折腾。

真正的忙,是在一份工作中有定力,能将自己的精力全身心地投入其中,不受外界的任何干扰,可以利用碎片化时间尽可能地提高工作效率。

II

前段时间,我的银行卡出了问题,便去了一趟银行。

精准提升：别让不懂时间管理害了你

接待我的是二十七八岁的女职员晓溪，她跟我聊了几句，便领我到休息区坐下，然后说去给我倒杯水。但我左等右等始终不见她过来，最后还是拉住她的同事问了一下，才知道她忙别的事情去了。

后来，她好不容易过来带我去办事台，说了一大通，绕来绕去却总是绕不到主题上面。我也听得云里雾里的，结果她转身又被人叫走，留我一个人站在原地不知所措。

好在我碰见了大堂经理，表明来意之后，晓溪才又急急忙忙地跑回来，跟我道了歉，开始给我办业务。

中途，晓溪又来来回回两三次，等得我心里很难受。离开时，为了方便以后的工作，她加了我的微信。因为年龄相仿，后来我们经常聊天。

有一天，晓溪给我发来微信，说因为工作上不分主次，她惹恼了一位大客户，差点闯了大祸。她悲伤地跟我吐槽，说她们营业点工作人员少，她也刚调过来，不好意思总去麻烦别人，所以自己能做的事情都会主动跑腿——一件事还没有忙完，就要去做另一件事。她也不愿意这样折腾，但是没办法。

听完晓溪的抱怨，我明白了她的问题所在。我给她打了一个比方："好比消防员救火，你在火势大的地方还没有救完，能跑去火势小的地方吗？做事情分清楚主次、轻重缓急，才能从根本上解决问题，否则就是瞎折腾。"

她应了话，又上网搜了一下相关方法，按照步骤慢慢地调整了自己。

事情来的时候，她先在脑子里做好分类。急需完成的事情，就赶紧办；如果中途再来客人也可以分类，把紧急任务交给刚好空闲下来的同事；不急的事情，就等自己完成当前任务之后再去做。

渐渐地，晓溪把常犯的那些毛病几乎都改了，也跟经常来银行办事的老客户熟络起来，真正地适应了自己的工作。

面对一大堆琐事，最考验一个人的能力。有的人在一堆事情中能很快锁定目标，快速完成计划；而有的人则无论给多少时间都毫无头绪，只能任由自己成为工作的奴隶，结果最重要的事情到最后也完成不了。

所以，分不清主次的忙，根本不是在忙，纯属瞎折腾。真正的忙，是在面对事情的时候，能够很快将轻重缓急分出来，在最快的时间里完成最多的事。

Ⅲ

阿坤是个闲不下来的人，用他自己的话来说就是：只要一闲下来就会感到焦虑，用尽各种办法还是整夜整夜地睡不着。

因此,阿坤干脆让自己变成工作狂,以此来打发空闲的时间:每天加班到最后一个离开,回家洗漱完躺下就睡,第二天又开始高速地工作。

后来,阿坤得到领导的赏识,转岗到了部门经理助理的职位。但他的工作比以前更忙,烦恼也越来越多。

助理的职务,大部分内容都是接打电话、印送文件、接送客户以及端茶递水等各种杂活儿。再有,月底还要做一些总结性的文件给领导。

在之前的岗位上,阿坤的工作效率很高,但自从转到助理岗位以后,他天天忙得晕头转向,却很少能在一天里完成几件完整的工作。

每次做总结到一半,阿坤就被各种事情打扰,不得不立刻去执行其他任务。等做完总结文档,早已过了期限。领导责怪他转岗之后不如从前那般用心,他对此感到苦不堪言。

在转岗以前,我曾问阿坤累不累。他经常忙得不亦乐乎,说:"每天都很充实,不累啊!我不怕累,就怕没事可做。"

我以为阿坤很喜欢这份工作,在工作中找到了自我。直到我再次问他累不累时,他已经没有了过去的热情,只有一个字:累!

阿坤告诉我,当时他以为只要自己认真地做好每一件事，就可以得到领导的赏识，能更上一层楼，所以他会卖命地工作。可后来他才明白，无论他做了多少事依旧是个跑腿的人，甚至一点地位都没有，领导也不会对他的付出有所触动。

最后的结果是，他的很多事情都被自己耽误了。

如今，阿坤不闲了，但每晚躺在床上还是会焦虑，甚至失眠。他对未来充满了迷茫，心里苦闷了一个月后决定向领导申请调岗。

领导留了他几次，他都拒绝了。领导只好让他去了销售岗位。

在新的岗位上，阿坤依旧连轴转，但他不再毫无目标。他有自己的规划，加上业绩突出，很快就冲进了新人销售榜单前几名，直接成为下一年的储备干部。

世界上有各种各样的工作，总有一种适合你。而有些人害怕无事可做，就让自己像一个高速旋转的陀螺一样拼命地工作，根本不会去思考这份工作是否有成绩。这种盲目的忙，最后往往也会使自己更加茫然。

真正的忙，是知道自己适合做什么，喜欢做什么，以及正在做什么。在工作的同时给自己留足时间和空间，才能更加高效地完成工作。

有句话说：年轻时就要多折腾。很多人相信这句话，于是在年轻时便在生存压力和职业压力下尽情地折腾，妄图去天马行空地改变现状，不顾一切地趁着年轻耗费自己身上所有的冲劲去拼搏。

但真正成功的人，其实是把每一份努力都用在了正确的地方，不管是生活还是工作。

会忙的人，不会瞎折腾。

第一章 不懂工作方法，你就自己累

避免瞎折腾小贴士：

①善于利用琐碎的时间。每天碎片化的时间特别多，吸引我们的东西也特别多，我们的注意力很容易被分散。因此，我们应该把闲散时间都利用起来，去做有用的事情，而不是刷朋友圈、刷微博等。

②分清楚工作的主次。工作中，需要处理的事情不止一件，往往是很多堆叠在一起。这需要我们有能力区分事情的轻重缓急，然后按照顺序有条理地挨个专心去解决。做事不三心二意，工作效率才会提高。

③找到自己的方向。很多人是根据自己的喜好来确定工作方向，然而，你喜好的工作少之又少，但适合你的工作却有很多。因此，你要问清楚自己想要做什么，要在工作之外给自己留足时间和空间。

4. 升职的正确姿态

I

宋姐是一家知名企业的会计，毕业以后就进了这家公司，一待就是10年。如今，30多岁的她家庭和睦，有一个聪明懂事的儿子，这样稳定、幸福的生活本是人人羡慕的，但她却突然选择了辞职。

每当别人问起辞职的原因，宋姐笑着回道："工作10年了，想再突破一下自己。"

原来，宋姐在公司待了10年，却从未升过职。

宋姐刚入职那年，公司正值上升期，每天她都要加班。后来恰逢结婚生子，她的职业发展便停滞了一年多。等她再回到公司时，公司已经发生了翻天覆地的变化。

在还未结婚以前，宋姐是个在工作中不太喜欢表现自己的人，每次只有当领导安排任务到头上她才开始做。虽然她做事效率很高，但随着人才一年一年地更替，她身边就出现了许多有能力的年轻人。

后来,公司要给宋姐升职的时候,她却恰逢结婚,就耽搁了。等她再回到自己的岗位时,比她晚进来的同事都有了不错的发展,而她依旧在原岗位上。她心里有些失落,但也只能调整好心态,以平常心面对。

公司里年轻人之间的争斗,她都不参与,每天只是把自己的事情做完就下班回家了。她也曾趁主管空闲时,询问过目前的情况,主管的回复是:公司准备放慢发展,最近不会有升职的机会。她便不再多说什么。

宋姐的工作很稳定,做到退休不是问题。可随着家庭经济压力的增大,她终于发现了这份工作的局限:无论付出多少,她都不会再往上走。

在家人的鼓励下,宋姐辞职了,为自己的未来认真做了一次职业规划。她发现过去的自己太贪图安稳,只着眼于当下舒适的岗位,却渐渐与人才市场脱轨。

宋姐立刻报名去参加与人才市场接轨的网课,了解目前行业的总体动向,再把自己的优势理出来,有目的地去投简历。

三个月后,宋姐凭借自己 10 年的财务工作经验,应聘成功一家刚入驻本地的外资企业会计主管的职位。她的工作比以前忙了很多,但与自己的工龄、能力、付出成正比,生活也轻松了起来。

很多职位目前看似平稳，其实，长此以往，会让人安于享乐，渐渐丧失自己的核心竞争力——无论你在这个职位上忙碌多少年，你都只是在丧失优势，而不会有收获。

一个能升职的人，必定对行业发展、自我工作前景有一定的规划，会居安思危，无论什么时候都不会停下自己前进的脚步——在工作上不仅有输出，也会竭力输入。正所谓活到老学到老，如此才能永远保持自己的竞争力。

II

学生时代，有一位政治老师每次讲课讲到激动处，便喜欢讲别的话题。有一次，老师给我们讲了过去他在学校里工作10年都没有升职的故事，大家一顿感慨。

这位老师年轻时在学校里是"一枝花"，同事喜欢，同学也喜欢。后来，他结识了另一所学校的女老师，便一心扑在恋爱上。

领导分配工作，他总是面露难色，配合着爱莫能助的表情，脑袋里还在飞速地想着推诿的理由。他跟领导说话轻飘飘的，也总是装病以此逃脱不重要的会议。系里聚餐，他也尽量能推就推，结果得罪了好多同事。久而久之，他在系里的名声渐渐变得不太好，每次递上自己的简历去争取系里的晋升名额时，都会被刷下来。

有一年，他在办公室看见自己那份简历放在角落里，以为是相关负责人不小心漏掉了，于是他拿着简历塞给新来的同事，说："你把这份简历漏掉了。"

新同事一看，摇头说："我们不收这个老师的简历。"

他觉得很奇怪，为什么偏偏不收自己的简历？年轻气盛的他直接找到领导质问，领导劝他再等等，说："系里有很多优秀的老师都在排队。"

他相信了这话，一年又一年地等着。工作10年以后，身边年轻的老师皆升到了好位置，而他只在原地走了一小步，每天除了按时上下课，基本上没有其他事情。

这种状况看似安稳，他却觉得十分苦恼。

慢慢地，他在同事中得不到话语权，有些事别人也不会找他去帮，他感到了生活的孤独和悲伤。某一次年会上，他悄悄跟身边的同事说起这些问题，同事惊讶地回他："你不知道吗？你可是我们系里出了名的懒人啊，所以大家都不敢接触你。"

他这才明白了过去自己失败的原因——他总是懒得与人交往，懒得走工作流程、做报告……他总以为自己简单地教好书就好，但当真的达到只教书的目的时，才发现自己已错过了许多精彩。

从此以后，他开始主动帮别人做事，主动张罗一些工作上的事情，也主动向领导和同事示好，在力所能及的范围内尽己所能。渐渐地，他才开始有了机会，生活才有了变化，同事们也愿意帮助他了。

工作中，就应该遵守工作的规则，而不是用"这件事没必要""多此一举""浪费时间"等来推诿自己应该做的工作。别把懒当作不工作的借口，懒的后果也是无法预料的。

工作积极、勤奋，并不等于讨好别人。在工作中积极、勤奋，是让领导和同事在看到你对工作上心的同时，也能看到你为人处世的优秀。这样的话，当机会来临的时候，你才能用人格魅力打败对手。

Ⅲ

那年考研时，我报了一个辅导机构，班里有一个专门管生活琐事的阿姨，不过她是个爱哭鬼。同学们都不愿意跟她多说话，特别是在生活中产生一些矛盾时。

生活阿姨是辅导机构的老员工，10年来没有升过职，甚至连工作性质都没变动过。但她的工作做得非常好，拿她的话来说，除了她，没有人能胜任她的工作。

对此，我很好奇。在以往的印象里，工作效率高，工作勤快、上进，应该很快会升职加薪，但这位生活阿姨的情况却打破了我的固有想法。

直到暑假我参加了在避暑山庄的集训,我才有了新的看法。那时,生活阿姨负责接送并安排我们的生活,在我们拿着行李兴冲冲地去分配自己喜欢的房间时,她的哭声突然从大厅里传了出来。

许多同学跟我一样涌进大厅,发现原来她跟参加集训的一名同学发生了争吵,身边的老师都在不停地劝说她,可是她的哭声依旧停不下来。最后,还是与她发生争吵的学生不情愿地给她道了歉,这件事情才到此罢休。

后来,我问指导老师这位生活阿姨的情况,他才悄悄地告诉我:"工作中效率很重要,但是心态也很重要。一个人总是拿哭去抵挡失败的'玻璃心',任何一个老板都不会考虑给他升职加薪。"

我明白原因后,悄悄地观察了生活阿姨一段时间。

我发现,她很喜欢管各种各样的事情:有的同学把拖鞋乱放,她要点名批评;有的同学房间稍微脏一点,她要指名道姓地将人家教育到改正为止;有的同学丢三落四,老是忘拿东西,也要到她那里领一顿教训才能拿回来。

有一次,一名男同学掉了东西去她那里领取,她横竖左右地说了人家一通。男同学觉得她太啰唆,索性说了她一句:"要你管?管那么宽,你不累啊!"

她转头又哭了起来。直到被同学举报到校长处之后,她才消停了很久。

还有一次，学校组织大家外出时司机师傅来晚了，她当着众人的面跟对方吵起来，结果又哭了。

只要在关键时刻，她的玻璃心就会立刻碎掉，可以说扛不住任何压力。因此，尽管工作10年了她还没有升职。

在离开辅导机构前，我们跟生活阿姨一起讨论她的玻璃心问题。她脸上堆满笑容，对我们说："我不会哭了，也不会玻璃心了。"

她告诉我们，上次被同学举报之后，她差点被辞退，之后也就被点醒了。只要再想哭的时候，她便会抬头仰望天空，把眼泪憋回去，然后深吸一口气再去解决问题。

后来，她向公司递交了升职申请，公司看在她有所改变的分上便同意了。

工作中，其实有很多玻璃心的人，他们可能只是因为一句话便不断地进行自我否定，然后不知该如何工作，即使工作起来效率也不高。你想过没有，这不是在工作，是在浪费自己的生命。

在自己有了玻璃心的时候，先抬头仰望天空，告诉自己不能哭。然后让大脑保持清醒，因为抗住精神的压力才能抗住工作的压力。

工作是一门技术，升职更是一门技术。

有的人工作后很快便升职加薪，生活越来越好；有的人无论多么努力，工作几年还是无法升职。有时候，没有升职不是自己的能力问题，而是方法问题。比如，因为懒，因为贪图享乐，或者因为玻璃心。

所以，面对工作的时候，我们应该学会居安思危，把最好的状态展现出来。

告别玻璃心，继续前进。

升职小贴士：

①要有自己的职业规划，要居安思危。不要以为找到一份工作就可以安稳了，要努力去学习、去思考，保持自己的核心竞争力。

②做个勤奋的人。工作的流程有很多，有的是必要的，有的是没必要的，我们不能因为某些工作不必要就不去执行，反而要更加积极乐观地去做，让别人被你的能力和人品所打动。

③告别玻璃心。当发生预料之外的事情时，有的人心理不够强大便会被击垮，随之玻璃心破碎。这时，不妨试着抬头仰望天空，清醒一下大脑。

第二章

周末
别做那只迷途的候鸟

1. 方向不对，努力白费

I

大学实习期间，我曾跟着一位姐姐学习互联网工作。她叫慧英，我们称呼她为英姐。

英姐进公司已经两年多，还处于带团队的初级阶段，职位始终升不上去。在同期进来的职员里，她算混得不太好的，但她的工作量却十分大，一个人带着一个团队，还身兼几个项目，常常忙到焦头烂额。

我入职以后受英姐直管，跟着她学习对外洽谈广告业务。

对跟了自己将近半年的十几个手下，英姐其实对我们完全不了解。每次有业务往来的时候，她总是看谁的时间相对比较多便安排谁去交涉。在团队内部，除了制定业绩指标和规则，她完全没有自己的想法。

好不容易熬到月底，英姐才发现月初制定的工作进度完全滞后，所以不得不拉着剩下的人一起加班。如此反复，便形成了一个恶性循环，很快，她手下的职员接二连三地调岗或辞职。

团队业绩不好、成员变动大，让英姐饱受上级领导的指责，她自己也苦恼不已。但她始终不明白，自己究竟哪里做得不好——该做的准备都做了，一切按部就班地进行着，为何付出了这么多还是白忙活？

之后不久，公司从外面聘请来一名主管姓高，接手整个广告部的工作，英姐则成了副手。

高主管来的第一天，便邀请广告部的人挨个进行三分钟私密谈话。一整天下来，高主管完全了解了所有人的能力、脾性。

第二天，他便对整个团队重新排列组合，让合适的人待在合适的对接口上，以将人员最大力度优化安排。

第三天，开内部会议，重新制定方针和计划。

经过半个月的努力，公司业绩果然有了好转。

但英姐始终不明白，这些看上去有些花哨的变革真的能改变现状吗？一天下班后，英姐便去向高主管请教。

高主管只送给英姐简单的几句话："如何在庞大的项目体系中更快更准更狠地抓住业绩，重点在于你会不会管理。作为一个项目负责人，在需求与资源不匹配的情况下，如何能做好团队的建设与管理呢？如何面对大大小小的问题呢？当你不懂管理的时候，你的一切工作都是白忙活。"

英姐很快被点醒，在空闲时间里买了许多管理类书籍，还报了专业网课，在工作中去摸索适合自己的管理方法。渐渐地，以前的问题都解决了。

后来，她做事雷厉风行，当人事部来部门要人的时候，她能根据工作性质很快地推荐合适的人过去协助项目，同事们都笑她："她是别人肚子里的蛔虫。"

很多时候，我们做了很多准备最后还是会扑空，那说明我们的准备根本就不在应有的点上，或者执行力还达不到标准。

真正的忙，是懂得管理。管理好时间，管理好错综复杂的人际关系，管理好规章制度，让自己能更快更准地找到忙的方向，才不会白忙。

II

我是一个不太会说话的人，但偏偏在大一的时候被同学们推举为班级代表去参加院里的辩论赛。一同参赛的还有班上的两名同学，在得到题目和分组名单之后，我们便按照自己的想法去准备案例。

那时，我参加辩论赛的经验不多，以致第一场对垒下来，虽然战况很激烈，但感觉自己的观点无法立住脚。

为了在第二场不丢人，我们三个人决定聚在一起查资料，为第二天的辩论熬夜做准备：手抄案例，以及应对时可以说的任何漂亮的万能话。

我们自信满满的，觉得这一次应该能成功，至少在应对跟自己旗鼓相当甚至有点弱势的对手时，我们对自己的准备十分有把握。

结果，第二场辩论下来，我们依旧溃败，并且，团队排名从原来的第六名直降到倒数第二名。我们的士气变得很低落。

朋友小高是一名辩论高手，当天知道我辩论节节溃败后，便热心地来帮我。他只粗略地听我复述了两场比赛的过程，就摇摇头笑着问我："你知道辩论中最重要的是什么吗？"

我以为是"会说"，但小高立刻否定了我，说："不，是会总结。"

小高聚集了我们三个人，要我们先将前面两场对垒的情况进行全方位的总结——从辩论技巧到辩论方式，然后从中摸索出对方辩论的规律，再一一去击破。

小高说："了解对手比了解自己来得重要，而了解对手要注意的最重要的事情，就是总结——总结很重要。"

第三场辩论的时候，我们带着会总结的心态站在台上，说话时心里已经有了底气，仿佛面对任何对手，我们都可以立刻做出一些能打败他们的反应。因此，在每一个环节面对不同对手的时候，我们就拿出之前根据对手的性格、答辩总结出来的方式方法去应对。

那场比赛，我们不再被动。到中间的时候，对方一直牵着我们的鼻子走，想让我们掉入陷阱，但我们很快就打得对方哑口无言。最后，我们取得了实质性的胜利，以第三名的成绩代表院里去参加全校的比赛。

后来，每当遇见棘手的事情，我也都会像参加辩论赛一样先总结一番，再根据总结的结果挨个去击破。很多看起来难做的事，就这样被分解开来，解决问题也变得具体而简单。

我们在做一件事的时候，难免会遇到很多困难。如果一心只想着赶紧做完，三下五除二地把困难解决了，以为事情就算完成了，那么，也许到最后都是白忙活。

真正的忙，是有不懂的地方就去问，弄清楚这件事的整体步骤，在事情完成之后以自己的方式做出总结，找到工作中的一些小窍门。那样的话，你才能更好地在有限的时间里创造更大的成果。

第二章 周末别做那只迷途的候鸟

III

大四上半学期进入紧张的考研复习阶段，每天要看书到深夜，第二天天不亮就要顶着寒冷起床，压力大到身体各个部位都在不停地"叫嚣"。最厉害的就属脸上了，一片一片的痘痘疼痒难忍，无论我把伙食弄到多清淡，情况还是越来越严重。

我这才意识到，自己应该要养生一段时间了。

于是，我抽了一晚上的时间，躺在床上搜索养生秘诀。从脸上到身体，我记了满满两页的纸，再根据可行度挨个去落实。

一个月下来，本来以为脸上的痘痘和身体的疲劳能消失，可没想到一坐下，尾椎又疼得不行，而脸上的痘痘依旧在疯狂生长。我不敢见任何人，只想把自己裹在被子里藏起来。

想想自己兴致勃勃地忙碌了一个月，最后还是白忙活一场。这一个个的打击，让我对一切失去了兴趣。每天我都焦头烂额，坐立不安，生怕身边突然走过什么熟人将自己认出来。后来，我索性躲在寝室里，避开那些让我觉得想想就可怕的场面。

反观同桌小胖，每天轻轻松松地去自习室熬到深夜，清晨又精神抖擞地起来去天台朗声阅读。他花在学习上的时间比我还多，但丝毫没有像我一样反应如此之大。对此，我羡慕不已。

我就去找小胖询问他是怎么做到的，他拿出杯子揭开盖，对我说："做任何事情，最重要的是懂得如何对症下药。你本来压力就大，还天天吃方便面、麻辣烫、喝可乐，整天不给自己休息的时间，压力当然更大了。"

小胖将之前他写下来的养生秘诀拿给我看，一张 A4 纸，分门别类地记载着额头冒痘、脸颊冒痘、下巴冒痘、肩疼、尾椎疼等怎样去养护……

对比一下，我只是简单地写着冒痘怎么办、坐久了怎么办，草草敷衍，算是白忙了。

我将小胖给我的建议重新整理了一下，然后再按照身体的各个细节去搜索养生秘诀。我这才知道，金银花是清热解毒的，腰椎痛如何去伸展筋骨，少吃辣少吃盐……

不到半个月，我的身体状况便有了好转，不再每天焦虑得学不进去，于是重新开始了新一轮的复习。

我从这件小事中懂得了一个道理：遇事要懂得分析问题，对症下药地去解决。

很多事情表面上看很简单，其实是错综复杂的。我们需要做的，是层层拨开问题，分析了解问题的根本点，才能更好地解决问题，不然花再多的时间都是白忙活。

第二章 周末别做那只迷途的候鸟

真正的忙,就是懂得分析事情,对症下药,忙到点上,忙到正确的地方,那样才能创造更好的效益——一切忙要有意义,也就是能落到实处。

每天我们都在不停地忙碌,遇见问题、解决问题,白忙活,是对时间和生命的浪费。懂管理、学会分析问题、总结问题,知道自己忙的点在哪里,才是真正的忙——这会让你的忙碌节奏紧凑,让你的价值更快更准地体现出来。

不白忙小贴士:

①懂管理,才能让自己找到忙的点。管理好时间、管理好人际关系、管理好规则和制度,才能更好地了解事情,解决事情。

②学会总结,才能让自己忙得恰到好处。清楚事情的脉络,总结事情不顺的原因,才能更好地把握住问题的关键。

③分析问题的根本所在,才是忙的开端。分析问题的根源,对症下药,在问题的节点处下功夫才是真正有效地利用时间。

2. 效率决定成败

I

在辅导学校学英语的时候，我认识了一位会五门外语的国际翻译老师——张涛。他曾在公开课上给我们讲过一个自己的故事，让我印象颇深。

研究生毕业后，张涛只是众多学子中的一员，但他凭着自己高超的同传水平，顺利考进了翻译院。翻译院每天给他布置的工作，还是不停地练习同传，他觉得自己的能力可以，于是偷偷接了一些私活儿。

最开始，张涛跑去给高中学生当课后英语辅导老师，但他的想法远不止这么简单——他想要挣更多的钱，便又接了很多书面翻译的私活儿。后来，他的翻译能力得到了出版社的认可，经编辑引荐，成了出版社专用的外文翻译者。

张涛在翻译院工作了三年，虽然这是一份自己能够胜

第二章 周末别做那只迷途的候鸟

任也与专业对口的工作，还有着看起来非常体面的地位和不错的待遇，但他的工作范围也仅限于此——他没有实际操作过同传翻译，甚至没有人会想到请他去大型活动做翻译。最多的时候，他只是出席会议做一个书面翻译的记录者。所以，他羡慕那些可以实时跟在别人后面做同传翻译的同事。

工作到了第四年，张涛发现自己离成为国际同传翻译的梦想越来越远。

有一场活动，从事同传翻译的同事因为身体出了问题，需要有人临时顶替。张涛毛遂自荐，领导第一句话就问他："你有同传翻译的经验吗？"

张涛想了想，摇了摇头，于是错过了这次机会。他也开始明白这些年自己在梦想上是三心二意的——本来一心想着口头翻译，却总是做着书面翻译的活儿，以致失去了很多机会，现在离目标越来越远。

张涛忏悔了一阵子，开始向需要翻译的朋友毛遂自荐。他知道国际翻译的门槛很高，必须经验十足，于是他从小型活动开始做起——无论活动有多小，他都一一接受。有时，他还自愿免费帮助别人做翻译。

又过了三年，因为翻译口碑好，张涛在院里声名鹊起。有很多大型活动，他都成了替补，虽然大多数时候不会那么幸运地被选上，但他会说："专心于做一件事，才是实现梦想的捷径。三心二意的人，再忙，也不会有成效。"

我们常常习惯在通往梦想的路上左顾右盼，以为只要是靠近梦想的事情，哪怕偏离轨道都没有多大关系。其实，梦想从来不会给三心二意的人一丝机会。

专心做一件事情，才是认真专注的忙。把最强大脑全用于当下的工作和梦想，才能在短时间内取得成果。

II

毕业之后，刘灰灰频繁地换着工作。他一会儿说这份工作太累，那份工作没自由；一会儿又说这份工作待遇不好，那份工作中与上司合不来……

换来换去，他对辞职倒是轻车熟路，但接踵而至的是面试新工作时该如何回答 HR 的问题：为什么频繁换工作？

面试了四五次之后，刘灰灰心中开始对问这种问题的 HR 讨厌起来，但他又没法避免，于是干脆只要遇到要问这个问题的公司，他都会立刻闪人。

到后来，刘灰灰也不知道自己能做什么，他的工作重心从上班变成了找工作。他急得每天都坐在家里用各种各样的招聘类 APP 浏览招聘信息，还问认识的朋友是否有渠道帮忙。

第二章 周末别做那只迷途的候鸟

周末，他打电话给我，约我见面帮他一起分析一下。

我头大了，我怎么知道你自己能干什么？见了面，我直接问他："你不知道自己要找什么样的工作吗？"

刘灰灰摇摇头，说："我不知道自己能做什么。"

我又问："没有什么喜欢的吗？"

刘灰灰说："有啊，喜欢的都不要我，要我的我又不喜欢。比如销售，门槛低，但是我一个大学本科毕业生怎么能去做销售？"

我看着他，不知道该说些什么。

我用手机下载了几个招聘APP，搜索不同的行业，帮他一点点梳理下来，但他都摇头表示不满意。连着好几个小时，我和他都盯着手机，像两个无头苍蝇一样找着工作，但始终没有找到合适的。

这样低效的行动力，让我有些气馁。于是，我拿了一张白纸递给刘灰灰，让他写上自己的兴趣爱好。他琢磨了半天，写了"游戏"两个字。他不敢递给我，我一把夺过来，看了一眼就欣喜起来，说："你这么喜欢游戏，干吗不找个跟游戏相关的工作呢？"

刘灰灰很迷茫地盯着我，我立刻打开招聘类APP，搜索关于游戏行业的岗位。在我们多次的挑选下，刘灰灰终于找了一份自己满意的工作。

刘灰灰凭着自己多年的经验，顺利进入那家公司。虽然当时他的工资不高，但也不算低，能够让他过上不错的生活。后来，他抽时间又报了编程课外班——相信有了这样充实的生活，他不再像从前那样迷茫了。

工作中，最忌讳的是没有方向，不知道从何下手。这也是一个人工作低效的原因——因为这不是真正的忙，是在浪费时间。

真正的忙，就是你能沉下心来，问问自己：我能做什么？该做什么？如何去做？当你问对了自己的内心，一切就有了答案。

III

高考之后，我报了会计专业，却阴差阳错地进了理工院校，当了一名工科生。上大学的时候，我常做的一件事就是读着机械课程，私底下偷偷学会计课程。

那时，学习没有老师引导，只得自己死啃书本，慢慢摸索。我就急躁得不行，想一口吃成个胖子。在打听到大一必考的证里有会计从业资格证之后，我便立马买了书，数着日子报名。

机械课程有很多，几乎每天都要从早学到晚。

有时，下午第二节没课，我便等第一节下课同学们都走了之后,留在教室里翻会计书,把重点都用本子记下来。我总是心潮澎湃地告诉自己,读完这遍书、做完这套题,就可以考会计从业资格证了。

那段时间,我特别害怕有人说我"学了这么久,还是白学了"。于是,只要有同学问我学得怎样,我都高兴地回答:"不错不错,可以考上。"

这样的状态持续了三个月,我终于复习完书本和习题,开始信心满满地迎接考试。但最终,我还是因为"财经法规"差3分而与会计从业资格证失之交臂。更沮丧的是,在我考完没多久,会计资格证说是要被取消了,我再也没机会"扳回一局"。

我的心开始慌起来。我那么认真,那么努力,笔记记了三本,为什么最终得到的结果还是"不及格"?

那段时间,我的心情特别不好,心中总是纠结:为什么付出那么多,却得不到回报?

为了让我转移注意力,母亲便让我继续参加初级会计师资格考试。

这一次,我对前面的学习过程做了反思,并将之落到实处。在复习完一轮之后,我便回头去看那些曾经做过的模拟题,发现很多都是在同一类知识点上出了差错。我把这些知识点又剔除出来,认真地研究了一番,收获颇多。

在临近考试的最后一个星期，我的两门模拟考试分数基本能稳定在 90 分左右，只剩下一门"财经法规"飘忽不定。我发现有很多小细节还是看过就忘了，就回头把知识点用知识导图的方式又整理了一遍，这下明朗了许多。

最终，我通过了考试。

备考最能反映一个人到底是否在有效地忙。同样是在学一个知识点，有的人很快就能吃透，而有的人则学了很久都没法弄明白。花了相同的时间，却得到截然不同的结果。

真正的忙，不是一口就吃成个胖子，而是找对方法去做。比如，运用知识导图的模式，把你要做的事情整理好再有始有终地去做，这样效率才会高。

忙是生活的常态，也是生活的基础——每天我们都会在忙忙碌碌中度过，但忙不等于效率。

如今，忙只是一个基础，而生活更偏爱高效忙的人。当你成为一个高效忙的人，你的生活会更加顺畅。因此，只有忙出效率，才能让自己的人生创造出无限可能。

静下心来，找对方向，认真专注地工作，是能够让我们高效工作的首要前提。

提高效率小贴士：

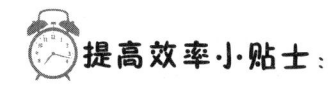

①认真专注，效率才会高。工作量虽然有很多，但是也不要干着一样想着另一样，即使认为自己具备一心多用的能力，但这样完成工作也是低效的——低效必然浪费时间。

②学会用思维导图整理工作。有一个清晰的思路，对工作做出必要的整理，也是高效的表现。别想着一口吃成个胖子，慢慢来。

③找到方向。忙不等于高效，不等于就是真正在忙。当你找到忙的方向，你才能高效地做事。

3. 周末别做那只迷途的候鸟

I

天天如今在做二手房销售员，工作内容主要是房屋的转租和二次售卖。

天天的业务能力很好，在房地产低迷时期，他也能做出好成绩。因为，每天他都会在第一时间去关心自己的客户，比如遇见变天，提醒穿衣；遇见下雨，提醒打伞。他把客户当作朋友一样对待。

天天常说："做销售人员，在工作的时候要让客户感受到你的真诚和温暖，那样就成功了一半。"

因为努力工作，天天几乎没法第一时间回我们的消息。我们找他时，他要么是陪客户聊天，要么是帮客户解决问题，甚至还有客户会跟他谈论自己的情感问题。他则好脾气地跟他们聊，最后耗费了不少时间。

同事都羡慕天天，夸他是天生的"销售行家"，但只有他知道自己内心真实的感受。他会在深夜里偷偷躲起来，在个人的 INS 里发一些牢骚，把自己最脆弱的一面展露在社交软件里。

天天说，其实他很孤独。

繁忙的工作让天天连周末也要加班，最夸张的时候，一个月他没有一天的休息时间。他记得入职的时候，合同上明确写着每个月调休四天，可客户哪会理会他们小职员的感受。

不管是休息还是上班，天天必须是老板和客户随叫随到的那个人，还不能说出一句拒绝的话。否则一旦生意黄了，他的业绩不达标不说，还有可能直接被扣工资。

一个周末，天天好不容易调休了一天，结果，一位由他负责的客户非要叫他去应酬，不情愿下他也得去。他喝得烂醉回家，面对空无一人的屋子和微信里接二连三给自己发消息的客户，他心里满是苦涩。

他拿起手机给几个朋友发消息，却一直得不到回复。周末了，大家都在外面玩，朋友圈里还有大家一起开心聚会的照片，而那里面本来应该有自己，但他数次因为工作原因拒绝了大家的邀请。

天天失去了自己本有的朋友圈，只剩下一些客户的事情。

天天这才知道自己失去了什么，他开始拿起手机，跟以前的朋友联系，假装跟他们谈笑风生，也发消息问好。后来，他说看着我们回了他的消息，他才终于懂得人际交往不是为了挣一点钱就什么都不管不顾，而是要去关心身边的人。

此后，天天的生活里不再只有工作，他常常在闲下来之后到朋友群里各种打趣，分享一些自己的事情。他依旧很忙，但是会抽时间去参加朋友聚会。他说，有时候孤独是自己造成的。

工作忙过了头，把本应该休息的时间全都拿去填补工作，这是在挤压自己的人生，也会使自己变成劳动机器。这不是在忙，这是人生最大的失去。

人都需要交流，但最重要的交流，就是情感上的交流。无论有多忙，你一定要空出时间来与家人、朋友相聚，去拥抱温暖，给自己腾出一块可以放松心情的宝地。

II

网络课程越来越流行，朋友陈念便看中了这个行业，在考研结束之后她立刻跟有共同兴趣的校友一起创业，他们最开始做的便是网络家教。

陈念先是趁工作日抓紧时间制定、录制课程，然后等孩子们周末了开始进行网络授课。幸运的是，她和同事们的授课方式诙谐幽默，得到了很多孩子和家长的喜欢，团队规模也迅速扩张。

随着市场的扩大，陈念开设的课程不仅限于孩子们，她和团队结合自己学校招收研究生的需求，为考本校研究生的学妹学弟们在复试的时候进行全面辅导。这样高强度的工作，让陈念更加忙碌了。

当别人在上班的时候，他们在办公室里制定课程；当周末别人都放假的时候，他们从早到晚地上课。有时候，很多同学在课后会有疑难问题，他们也要毫无保留并且实时在线为同学们答疑解惑。

因此，陈念几乎全年无休。身边很多人都羡慕陈念抓住了机会，成了有钱人，但只有她自己知道，她过得有多累，生活有多么忙碌。后来，她和团队甚至忙得干脆吃住都在公司里。

一年到头，父母只能跑到公司里来看陈念。来的次数多了，她怕打扰到别人，便让他们少来。于是，她和家人相处的时间越来越少。

陈念原本有一个感情要好的男朋友，也因为她工作忙碌，每天只能回对方几句话，于是对方经常跟她发生争吵，直至彼此的感情崩盘。失恋后，她连眼泪都不能流，还要继续强撑着努力工作。

陈念活成了一个"拼命三娘",生活虽然是一天比一天好了,但也损伤了自己的身体。她先后阑尾炎、胃炎发作,只要一变天就感冒,但她在看医生时还是不忘工作。

我们都劝陈念不要这么拼,但她依旧每天工作到深夜,直到自己真的撑不下去为止。结果,她大病了一场,医生告诉她如果再不注意休息,病情会恶化。

在父母的强制下,她这才决定休息一年,把公司交给合伙人管理。那一年里,她被父母带去了温暖的三亚休息,每天吹着海风,躺在藤椅上回想过去——她这才发现,人生不能将自己都赔进去。

身体好转了以后,陈念再也不似从前那般拼命。公司的业绩在继续稳步上升,她经常给团队发红包,也带着父母到处旅游,还找了一个能够照顾自己的男朋友。她说:"每一天都不能浪费,别等自己失去了什么才懂得当下的美好。"

拼命工作,连周末都不休息,为了挣钱而牺牲自己的一切——其实,这不是在工作,这是在严重消耗生命。努力不一定会被上天眷顾,如果过了头,它会惩罚你不爱惜自己。

真正的努力,是知道自己什么时候该走,什么时候该停;什么时候该舍,什么时候该得。为了眼前的利益,将自己都赔进去，这才是最傻的行为。

Ⅲ

有一段时间，我从事新媒体运营工作。我一个人管理三个公众号，每天从早忙到晚，几乎没有自己的时间，连周末在家也只是换个环境继续工作。因此，我常跟同事打趣："新媒体编辑不配有自己的生活。"

那时，我一个人在深圳闯荡，因为每天工作太忙，出租屋对我来说像一家旅店一样，甚至它的用处只在那张床——除了睡一晚上，毫无其他用处。

因此，生活中有许多不便开始发生。刚住进去一个月，家里好多东西都没添置，就简单地开始网购。下班太晚，网购的快递没法取，隔了三四天，要么被退回，要么就只有等到周末去取，后来便干脆不网购。

最大的不方便，还是下班回到家接近10点，附近已经没什么卖吃的了，只能在便利店买一碗小面解决晚饭。回家后，又要准备第二天要发的公众号文章，直到凌晨才睡下。

这样坚持了一个半月，高强度的工作，加上生活的不易，我的心态有些崩溃，但依旧提醒自己要坚持下去。

后来，薪资已经没法负担高昂的房租和生活开销，每天我不得不接兼职的稿子来补贴开支。本可以忙完工作早睡，却又硬生生逼自己写稿到深夜。而写完稿后的无尽落寞，又在每个夜晚不停地折磨着我。

我开始有了思想斗争。渐渐地，我白天笑呵呵的，晚上回到出租屋，面对空无一人的房子以及忙不完的工作，就变成愁眉苦脸的另一个我。特别是到了周末还要加班的时候，这种感受更强烈。

我开始强迫自己做出改变，比如周五把周末的规划做好，周末工作就相对少了一些。在工作的间隙，哪怕要走上十几分钟的路也要去超市逛逛，买一点家用的东西。

我把节约下来的时间都用在了打扮生活上，买了小电饭锅、电煮锅、米以及一些下饭菜，留到每天晚上下班之后自己煮着吃。我算着时间，网购了一些小物件打扮了一下出租屋，让自己回来的时候心情能变得快乐一些。

后来，我又嫌自己一个人太寂寞，便买了一台智能音响，每天跟它"闲聊"，靠听歌打发时间。

日子细水长流，我也适应了在异地孤单的生活。工作效率提高后，我的生活也过得充实起来。

周末不休息的人，最怕的是晚上一个人躺在床上的时候，那种蜂拥而至的异样孤独情绪。有句话说：人最怕跟自己做思想斗争，因为这样真的会斗死人。

如果你是一个周末无法休息而又无法改变工作性质的人，不妨试着换一种生活方式。比如，周末留出时间出去走走，或去超市购置一些物品，或者自己在家做饭——重点不是做饭，而是趁做饭的时候休息一下。

周末不休息的人，虽然也是在努力工作，但是不给自己留一点时间和空间的努力是徒劳的。这是一种过度的努力，而这种努力有时候带来的是空虚、寂寞，甚至是病痛的折磨。

有些事情能改变，但有些事情却无能为力。再忙也要给自己腾出一点时间，也要跟身边的人进行一些情感上的交流。坦然地面对努力，懂得取舍，这才是最大的智慧。

休息小贴士：

①与身边的人保持交流。交流是人类情感产生共鸣的途径之一，在与人交流的过程中，我们不仅会释放掉那些内心的负面情绪，还能在思想和行为上得到提高。

②腾出自己的时间。再忙，也要留出时间给自己，这个时间段里你可以看书喝茶，可以听着音乐跑步，要暂时忘掉工作，放空自己。

③坦然面对，懂得取舍。余生很贵，知道什么时候做什么选择十分重要，不要为了一时的利益，失去本属于自己最宝贵的东西。

4. 你说"我很忙"的样子很难看

I

小咖的口头禅是："我很忙。"我们听得久了，听得烦了，她才会偶尔消停一段时间，但过不了多久又开始说。

小咖给我们的感觉，就像一个本来很有钱的人，天天在大家面前念叨"我好穷"，这简直是讨打。因为，她的工作让我们很羡慕，在我们的眼里，她不应该是整天把"我很忙"挂在嘴边的那类人。

毕业后，小咖应聘到一家实力很不错的公司，凭借出色的写作能力，她很快成了领导的助理。她的日常工作，就是为领导写各种稿子。当领导出席会议时，她需要提前写好优美的演讲稿；会议结束之后，写好新闻稿便算完成任务；有时遇见其他文案需要修改和润色，也都是由她作为主笔去承担。

这样的工作本应该是最轻松的，但小咖似乎永远都在忙，我们一直都不理解。

终于，有一次在朋友聚会上，当小咖说出"我很忙，需要早点回去"时，一个朋友忍不住问她："一篇演讲稿需要写那么多内容吗？"

小咖很无奈地说："你们不懂我这一行，我的任务就是写，所以需要写的内容很多。而且，现在我被调到新领导手下了，很多时候领导都说我写的内容不是他最终想要的效果，对此我也很苦恼。"

朋友不解，说："那你跟他沟通啊！"

小咖摇摇头，说："哪有那么多时间，写完这篇，下一篇又来了，每次要得都很急。我跟着领导出席会议的路上都还要用手机写，不容易。"说完，她便立刻走了，留下我们大眼瞪小眼。

后来，那个常常说"我很忙"的小咖，在公司里因为这句话得罪了同事，又因为工作没有做到位而被降职。

小咖很郁闷：为什么自己这么努力，却得到这样的结果？

小咖降职后，第一个任务是跟着组里的同事高高合作写一篇活动宣传稿。她本以为，活动完了之后就可以马上动笔，但高高的做法却出乎她的意料。

高高回到公司以后，第一时间去了领导的办公室，问清楚领导的要求、活动的目的、背景、宣传稿要达到的效果和普及对象之后，她才开始动笔。并且，动笔前她会先拟大纲，又跑了一次领导办公室，让领导确认之后才正式动笔。

最后，那次的宣传稿写出来后，小咖意外得到了领导的赞赏。她也从高高身上得到启发：原来过去自己只是在做事，不是在解决问题。

此后，小咖便按照高高的方式去写作，并且在这个基础上发掘了一些更加适合自己的工作方法。她不再把"我很忙"挂在嘴边，工作效率也提高了许多。

当我们接到工作任务的时候，第一反应是立马开始干活儿，或许连工作内容都来不及分析就蛮干。这虽然给人一种努力的感觉，但也是一种工作低效的表现。

真正的忙，是要懂得在一份工作中你应该从何下手，如何去达到预期的效果，抱着目的和结果去思考，把工作内容当成一个特别的问题，顺着这个问题去找方法解决，便能事半功倍。

Ⅱ

大米的工作跟我曾经做的工作内容很相近，都是新媒体运营。不同的是：大米做互联网运营，我做公众号运营。

大米的工作比我更忙碌，她也更勤奋更刻苦，每天很早去公司，也是最晚走的那个人。这样勤奋的人理应受到领导的重视，但她却生活在水深火热之中——天天被老板训斥。

这要从他们公司最近的一个项目说起。

这个项目是一个产品的大运营，公司的整个团队花了很多心思去做产品的包装和策划，领导也十分重视。那段时间，各部门像是在打一场硬仗一样，都忙得脚不沾地。

大米负责互联网的发布和维护，很多同事都要找她落实网上的宣传进度，于是她的耳边总是响起各种各样的话："大米，9点钟就要开始推广这个产品，已经跟对方沟通好了，他们要放在最显眼的位置。"

"大米，目前情况怎么样了？"

"大米，反馈信息什么时候可以给我？"

找大米的人多了，她被喊得头昏脑涨。后来，只要有人找她，她就开始推托："我现在也很忙，等等。""我现在比较忙，再等等，把这块做完了就来。"

偶尔领导来找她，问产品的具体推广情况："近期的产品有点多，你跟销售部落实了吗？打算怎么推？"

她这才尴尬地回答："我马上去落实。"

领导有些生气，说："时间已经过去这么久了，你开

第二章 周末别做那只迷途的候鸟

始发布的时候没有想到去落实一下排期吗?你做事难道不经脑子考虑下一步该怎么办?说一句你才做一点,真是石头脑子!"

大米被训斥一通,赶紧行动起来,直到这个项目平稳下来,她才有了喘息的机会。她也委屈极了,在她的心里,自己已经把每件事情都做完了,而且并没有抱怨,却还是得不到领导的一句夸赞。

大米将这件事讲给我们听,小咖反而比我们激动,把她的经验分享给大米。大米想想自己的工作方法之后,发现自己果然是在低效工作——她没有思考事情的本质和发展的方向,以及涉及的一些其他事情。因此,当坐在电脑前,她就成了一台只会听话的机器,缺乏分析和主动性。

认清事实之后,大米开始遇到事情先思考问题、找到问题的关键所在,之后再配合部门的同事将工作了解透彻,然后才开始实际操作。

慢慢地,领导和同事对她的看法也有所改变。

总是用"我很忙"来搪塞自己不知道如何去处理工作,这是我们习惯性的表达。这样看起来是在工作,其实,根本没怎么去思考是否有其他高效的处理方法。

一个有能力的人不会把方法当作目标,而是会认清问题的关键,这样才能有效提升自己的工作能力。自然,再忙也能在预期的时间里处理好工作,又怎会说出"我很忙"呢?

Ⅲ

孙总很讨厌员工们说"我很忙",因此,我们再忙都不敢在公司里说这三个字。

每次公司开会的时候,孙总总是反复强调:"不要总说'我很忙',这三个字只是你自己无能的借口。看看身边的同事,为什么人家能快速地做完工作,而你不行呢?多想想是不是自己的方法不对。"

孙总的话,常常被我们拿来互相鼓励,其中流传最广的一句话是:"聪明人抽空完成,无能的人才说'我很忙'。"

这句话在孙总身上体现得十分形象。他的工作其实比我们都忙,每当最后几名员工下班时,他的办公室还有灯光。

他今年快40岁了,正是"老婆孩子热炕头"的年纪,但他每次回到家几乎都没法多陪老婆孩子一会儿。在大部分同龄人的家庭遭遇这种情况时,多半会让家庭关系变得紧张,但他的家庭丝毫没有受到影响。

可以说,孙总是整个公司里家庭最幸福的人,每个节日他都会给老婆买礼物,每天老婆也会给他做好午饭,让他带到公司吃。

他几乎很少应酬,跟我们谈笑时,他常常提起自己给朋友们当"家庭关系调解员"。

有一次,孙总毫不掩饰地给我们传授家庭幸福的经验,他最先提到的就是"平衡家庭和工作"也是一种能力。他的办法是:忙中偷闲,闲中偷忙。

在他这个年纪,正是经济和生活压力大的时候,大部分人都只注重经济,而忽略了家庭,使得家庭矛盾重重,甚至破碎。

孙总最开始也是如此,但看过身边无数的例子之后,他学着去改变现状——即使再忙他也要打电话问候一下老婆和孩子,哪怕通话只有一两分钟;在回家路上或者去见客户的路上,他便利用这些时间同步做很多工作,当做完工作回家后,他就有时间陪老婆和孩子。

这听起来是一个很小的改变,但孙总的确得到了很好的回报。

老婆和孩子心疼孙总的不易,他也呵护着需要关心的家人。如今,他的脸上看不见生活的压力和沮丧,反而活得比那些30岁就愁眉苦脸的年轻人更加年轻。

为了忙工作而忽略家庭,这是一种常见的职场现象,因为几乎没有人能够同时做到平衡。因此,很多人都苦恼于家庭情感上的缺失,使自己陷入情感泥沼。

  这也算是一种无能的表现。爱你的人,不需要你千言万语地去哄和日日夜夜的陪伴,而是你千方百计抽时间花在他们身上的心思,有时候可能只需要你做一件小事。

  职场上需要的不是劳动力,而是行动力。

  所谓行动力,是指在工作中真正动脑筋去勤奋、高效地工作。但是,真正肯这样去做的人很少。大部分人都只是为了工作而工作,逃避思考,最后便陷入"我很忙"的怪圈——这不过是在掩饰自己的无能。

  因此,你一定要在做事之前认清自己的目的、过程——有哪些步骤?解决问题的途径是什么?多去思考,想办法提高自己的工作能力。

提高能力小贴士：

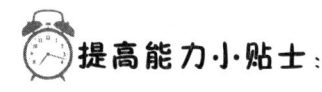

①要抱着目的去思考。没有目的的工作就像是一条没有方向的船，会让你工作起来毫无重心，无从下手。因此，每当接到一项任务，一开始就要抱着最终达到的目标去思考，那样才能有思路地解决问题。

②认清问题的关键。碰到一个问题，不应该马上就去解决，而是要明白它的关键点在哪里，因为，只有把握住了关键点才能对症下药。

③忙里偷闲，闲里偷忙。不管在任何时候，生活都需要去经营，所以，平衡工作和生活的关系也是一种能力。

第三章

学会区别重要事和紧急事

1. 别急，你要懂精准努力

I

丽丽在大学里学的是会计专业，毕业以后进入一家专门代账的会计公司。她打算先增加自己的工作经历，等以后有能力了再去大公司做独立会计。

但丽丽是个急性子，做什么事都只追求速度，总是想几下子就做完，然后好早点下班，拥有完整的私人时间。但偏偏每次越急的时候就越会出错，特别是在一些小的数字上面。

因此，丽丽刚入职三个月就被主管批评了多次。有一次，她被主管训了一句"再不仔细一些，就收拾东西走人"，她更慌了，核对账目的时候全身都在抖，生怕哪个数字看错被开除。

不久，丽丽还是被开除了。她很苦恼：为什么自己已经那么认真了，还是会做错事？她开始尝试着慢下来，把每件事都弄清楚了再去做。但是这样一来，花费的时间就多了许多，效率十分低下，她就放弃了这样的做法。

后来，丽丽应聘了另外一家会计公司，上班后，遇见了一位跟自己一样急性子的客户。

客户是美国某名牌大学毕业的研究生，跟他的合作总是让丽丽提心吊胆：每次发邮件不是把收件人打错，就是把地址打错；开视频电话，要么网络不好，要么就忘记了时间；签合同，不是这里没有核对好数字，就是那里没有仔细研究……

这位客户被丽丽划入了"黑名单"，同时，她也在客户身上看到了自己的影子，便开始默默观察对方。她发现客户是一个把生活琐事搞得一团糟的人，比如，客户因为血压问题需要时常吃药，但有时候他急着办事连药都会忘记带。

丽丽立刻从工作角度反思自己：各个工作模块，自己是否真的熟练了？那些做错的地方，自己是不是真的反复检查过了？在保证完成工作的情况下，自己是不是集中了注意力？

答案都是否定的。

于是，丽丽便从这几个地方着手改变。她把每个模块的工作都反复检查几次，更是把对应的关键点标注下来。越简单的事情，她越要检查多遍。比如，交给领导的月报表和季度报表，她要检查三遍，再换其他同事检查一遍，并且记录出错的地方，以防下次再犯。

此外，她还发现，下午的出错率比上午多。于是，她买了一瓶风油精放在桌上，下午有些犯困时就涂在太阳穴上，坐久了就起来走动几步，提提神。

丽丽的进步很大，出错率也不断降低，慢慢从全组的倒数第一变成了楷模。

错误都是不仔细导致的，事情越多、越忙，心里就越慌张。有时为了追求早做完，可能在检查的时候就松懈了，错误也随之而生。这不是在忙，是在瞎忙。

粗心的人，其实大多数也是思维活跃的——粗心不是不努力，而是没有努力到点上，对自己的要求不够高。

如果你是一个粗心的人，可以试试在朋友中挑一个最细心的人当偶像，学习他的做事风格。然后，在生活中一定要注意细节，慢慢地培养自己的好习惯。

II

张真是我大学好友里做事最急躁的人。

在学校里的时候，每次上课他都满头大汗地踏着老师"上课"的声音来；老师叫他收作业，他总是慌忙地在教室里边跑边喊："快快快！交作业了，速度，来不及了。"

上班以后，张真每天还是踩着点急急忙忙到公司；工作时，每次他都急急忙忙地做，结果出了很多错；下班后，他又急急忙忙地奔回家，结果是一整天的工作做得不好，到家后也忙得一团糟。

张真感觉每天都有很多事情做不完，但每天又是在马不停蹄地工作。用他自己的话来说，最怕工作上突然出现紧急情况，因为那总会让他措手不及，且忙得满头大汗。

有一次，公司团建时要进行打字比赛，让每个小组推选出一名打字速度快的来参赛。张真被选为他们那组的代表，在比赛中他一开始稳操胜券，可是当发现别人追上来的时候，他整个人立刻急躁了起来，最终成了最后一名。

比赛结束以后，上司在分享会上旁敲侧击地提了一下关于张真性格急躁的缺点，他觉得非常气愤，心里跟上司就有了隔阂。自那以后，只要跟上司沟通，他说话的语速都会加快，这样一来就更办不好事情了。

张真不仅被上司批评了几次，还由此造成了同组人员的感情分裂，于是他便气冲冲地去辞职。

上司了解他的心思之后，给了他几条建议：一是凡事不要操之过急，遇事告诉自己要冷静；二是如果感觉心头冒出急躁的苗头，要及时消灭，不要任其发展；三是要养成闭眼微笑的习惯,可以有效地改善自己的心态,处事时就可以多角度去分析问题了。

上司委婉地告诉张真,他自己过去的性格也是如此,也表达了希望张真能留下来继续工作的想法。张真看见上司这么诚心地留自己,就决定再磨合一段时间看看。

张真按照上司的建议,先从生活中做起。遇见任何事情,他都会告诉自己先冷静想清楚再做决定,然后对于每天的工作量无论有多少,他都会一件一件耐心地去做。

慢慢地,张真的性格有了很大的改善。有一次,在工作中他遇见了一位很难缠的客户,几乎全组人的耐心都快被消磨光了,只有他依旧保持着微笑,终于跟完了项目,成了全组当月业绩的第一名。

越急越乱,越乱越错,越错越慢,这样得不偿失的后果会给自己的生活、工作不停地添乱。如果你办事有效率,事业也在稳步上升,那么请别太急躁,不然会给自己带来很多不必要的麻烦。

因此,在自己急躁的时候,需要静下来,耐心地梳理自己的心情后再去工作。"急躁"是生活、工作的敌人之一,不可忽视。

Ⅲ

一位朋友曾经给我讲过他的上司大白杨的故事。

大白杨以前是客服人员，每天的工作就是不停地接打电话，一分钟都不得闲。偶尔遇见难缠得几乎让人崩溃的客户，大白杨也总是能微笑着做好服务，每一位顾客给他的评分都是满分。因此，他月月都能拿奖励。

起初，同事们以为他真的脾气好，从来不生气。直到有一次，一位同事端着水杯走向办公间时，不小心撞上了刚进门的客户，杯子里的水洒到对方手上，同事诚恳地道完歉后，对方依旧不依不饶。

这时，大白杨第一个站起来，制止住即将大打出手的客户，然后拿出手机对客户说："如果你是来找茬的，那么现在我就可以报警，到时候我们去派出所说理。如果你是诚心来谈工作的，那么我们公司十分欢迎。"

客户一看事情要闹大了，态度马上软了下来。

大白杨一向温软，此次事件中，他严肃强硬的处理态度让同事们都大吃一惊。大家这才发现，原来不会发脾气的大白杨，只因为在工作中是一个十分有协调能力的人，因此他几乎没有遇到什么值得发脾气的事情。

比如，在每天早上开始工作的五分钟里，大白杨会对自己的状态进行一次调整。他会迅速理清当天要做的事情，统计要拨打的电话数量，然后一个个地去完成。当事情超出自己的预算，他会花一分钟静下来，思考问题的关键所在，然后思考如何快速理性地去解决……

大白杨就是这么一点点在繁忙又容易情绪波动的工作中，让自己走得更快、更稳、更好的。

一年以后，公司进行人员编制调动，大白杨因为出色的业绩和行动力被升了一级。做了领导以后，他对手下的人员进行培训，把自己的工作方法分享给他们，带领着他们创造了出色的业绩。

在生活和工作中，我们常常会遇见意料之外的事情，但解决这些事情不是靠急躁或者蛮干就可以的。遇事不急躁，有计划地去解决，往往会事半功倍。

要知道，一个人的统筹规划能力是十分重要的。而这里所说的统筹规划能力，指的是控制自己的能力——控制情绪，保持理智，别让负面情绪毁了自己。

生活中，我们总会遇见这样的情况：事情很多，你明明想要快速完成，最后反而背离了自己的初衷；你害怕出错，又想节约时间，于是便慌张地处理，结果出现一大堆错误;一旦遇见预料之外的事情,就像热锅上的蚂蚁,各种脾气止也止不住……

这都是因为一着急,我们的大脑会更加运转不灵。因此,你一定要记住:遇事不要急,无论什么事都要冷静细心地去面对和解决。

沉稳小贴士:

①培养细心的习惯。当你想尽快完成一件事时,往往就会粗心大意,粗心就会出错,出错你就会更着急。如此恶性循环,得不偿失。

②抛弃急躁。很多人在遇见一件大事的时候会立刻急躁起来,结果越错越乱,适得其反。因此,当情绪上来的时候,一定要闭上眼睛,改善心态,消灭急躁的苗头。

③控制住自己的情绪。一个成年人应该懂得控制自己的情绪,在每天开始工作之前花几分钟做心理建设——告诉自己,无论遇见什么事都要微笑面对。

2. 番茄时间管理法

I

汐熙自从进入银行工作以来，总是对自己充满质疑。

刚工作时，汐熙是银行里最底层的资料员，每天先是把柜台的资料和办公桌上的资料互相交换，然后在办公室里默默地进行文件的分类，再送给相应的工作人员。

汐熙接受这份工作，最开始的原因不过是觉得它看起来很简单，自己一定能完美地胜任。并且，在不忙的时候，自己还能躲在办公室角落里，边分类文件边看看手机、聊聊天。

于是，有了对工作胜任的信心，汐熙在工作中便不以为然。有时，柜台会叫汐熙送一份文件过去，她都是拿了文件慢慢过去，回来又开始玩手机。等到快要下班时，她才会快速地把其他工作做完。

有一次，刚好是月初，客户特别多，汐熙需要送的文件也很多。有的文件相似，不仔细分类很容易弄错，柜台的同事又催得急，她便只能马不停蹄地来回跑。结果，一急便将客户存联拿成了银行存联，还好客户看见后及时提出来，这才避免了麻烦。

忙完以后，汐熙又回去分拣新文件，结果碰到组长过来查班。她的魂儿还没有收回来，组长拿起资料看了几眼，又狠狠地看了她一眼，甩手将文件砸在桌子上，严厉地说："银行的工作要严谨，这点儿小事都做不好，你一天都在干什么？"

事后，汐熙被狠批了一顿。她这才知道，这份工作不是混日子，领导是为了让她在分拣文件的过程中了解银行的办事流程，而她却把时间拿来各种"玩"。

知道自己错了后，汐熙开始观察周围的同事，发现他们在高强度的工作下依旧游刃有余，于是就很谦虚地向同事请教工作方法。

原来，办公室里每个同事都用上了时间管理中的"番茄时间法"——在每次工作一个小时后休息一下，然后继续工作。

后来，在同事的推荐下，汐熙也使用起番茄时间管理法。一段时间后，她的工作效率有了明显的提升。

汐熙很快熟悉了工作业务，转到了别的岗位。之后碰到任何事情，她都用番茄时间来管理自己的工作内容，使自己工作起来轻松惬意。

工作时,我们很容易被简单或者集中性不高的工作引导得散漫,有时候甚至会被外界的动静所打断。这样,工作效率肯定会低。

使用番茄时间法进行固定时间里的专注学习,会让自己在那个时间段高效地工作,使工作更具活力。

II

准备考研的那一年,大部分时间我都觉得很枯燥。

我一个人整天坐在教室里,又没有像高考那样有老师监督,很大程度上都靠自觉。晶晶和我都是容易走神的人,为了互相监督,我们占了前后桌的座位。

我常常习惯在学完一科的功课后,起身去休息室接水,再慢慢以两秒一步的速度走回座位。坐下后,我并不会立刻开始学习,而是拿出手机,不自觉地刷微博、朋友圈。等再回神时,时间已经浪费了半个多小时。

这时,我便开始后悔,但已经无法挽回,满满当当的日程表里,又只得划上一个"延迟"。

有一天,我正准备查资料时,刚好手机没电了,于是准备借晶晶的手机用。只见她埋头苦读,嘴上说"自己拿"。我很奇怪，从桌上拿起她的手机，打开时看见一个计时 APP 正在快速滚动。

使用完手机后，我又跟晶晶说话，她并没有理我。我便坐下来继续学习。20 分钟后，她终于回过头，笑着说："我的一个时钟搞定了。"

我很疑惑地看着她，她这才跟我科普起来："这个是番茄时间，非常好用。每次当你按下'定时开始'之后，你几乎全身心都在赶时间，注意力也会集中，任何事都干扰不了你。"

经过晶晶的解说，我发现番茄时间正好适合改掉自己拖延的毛病，于是我也下载了 APP。在每次开始学习时，我便按下"计时"，然后专心学习。

我发现，当为了在规定的时间内完成学习内容时，我会疯狂地与时间赛跑，全身心投入书本里，外界的一切都干扰不了我。

当手机振动响起时，我又仿佛瞬间清醒，而学到的知识也被牢牢地锁在脑海里。

本来落后了不少课程，在用了这个方法之后，我几乎在短时间内赶了上来。以前不太会的题，如今做起来也顺手很多。并且，在计划时间内，我最终完成了第一轮的复习，比身边许多考生都快了一步。

使用番茄时间的方法，让我的学习效率提高了很多，也让我改掉了拖延的毛病。此后，我一旦遇上紧急的事情却不自觉地拖延时，便会用番茄时间来控制自己。

外界诱惑，是导致工作效率低下的最大问题之一，特别是当我们需要专注地去做一件事的时候，很多人都会被外界诱惑吸引过去。而注意力一岔开，自然会让拖延症乘虚而入。

番茄时间管理法，能让我们有效地抵抗外界诱惑，在有限的时间里朝着自己的目标前进。

Ⅲ

苏一也使用番茄时间管理法，是晶晶在考研时介绍给他的。但他比我们都依赖这个方法，甚至可以叫作番茄时间管理法的忠实拥护者。几乎在所有场合，他都在用番茄时间来管理自己的生活——吃饭、午休，甚至平时在工作的间隙里，他都在用这种方法。

比如，吃饭时设定的时间快到了，他就会疯狂地大口吃，几乎不怎么咀嚼就下了肚；午休时，当自己睡醒时设定的时间还没到，他就觉得午休变得没价值；出去购物，他也要在规定的时间走出超市门……

苏一一直生活在有限的时间里。

有一次，苏一正在写项目策划书，同事有事过来找他，等同事讲完之后，他发现自己设定的时间已经过去一半。设定时间到了，却离完成目标差很大一截，他只得放弃这项工作，进行设定好的下一项工作。

一天下来，所有的计划都被打断，苏一的心里难过极了。后来，只要有人在番茄时间内打扰他，他便爱搭不理，能嘴上回答的绝不动一下。如此，他就成了同事嘴里的"高冷人"。

公司团建玩"真心话大冒险"的时候，有同事问苏一："为什么你工作起来显得那么冷漠？"

苏一觉得这个问题很奇怪，问后才知道，原来是因为自己迷信番茄时间，表现得太过而影响了别人。他给大家解释之后，也开始反省自己。如果被打断了某一项工作，其实可以重新设定开始，而不是继续。这样可以避免让自己产生失落感，也能避免造成同事之间的误会。

苏一便重新对自己的番茄时间做了规划：生活中，绝不用番茄时间；工作中，当被别人打断的时候可以重新设定开始，而不是继续。

这样做了半个月，苏一觉得自己再也不像之前那样吃饭把自己噎着，也不像之前那样跟同事产生误会了。工作顺心了，效率也就提高了许多。

番茄时间管理法，并不是在所有场合都适用，它只是一个工具，而不是人为强加的法则。

好的管理者要懂得合理运用番茄时间管理法，让它达到工作效率的自然提高。而生活不需要提高效率——吃饭、睡觉，都要顺应自己的身体机能。

忙忙碌碌一天过去了，到晚上你才发现自己一天下来什么都没有做成，于是开始熬夜加班。正所谓："明日复明日，明日何其多。"

番茄时间管理法是应对自控力差和拖延症的好方法，它能让你在有限的时间里专注于手头的事，让你全力以赴地在设定的时间里完成工作，也能将你的事分成几小部分单独来做。

请你一定要注意，如果工作被打断了，不要继续，而要重新设定开始。

番茄时间小贴士：

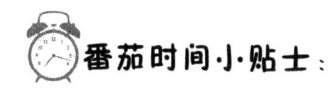

①用番茄时间来抵挡外界诱惑。有时候，在做一件事时，我们常常会不自觉地看手机，这样会分散注意力，从而导致工作效率低。

②用番茄时间来消除工作中的畏难情绪。有的工作很烦琐、没章法，用番茄时间可以将自己原本散漫的工作心态瞬间凝聚在这个时间段里。你只想尽量把工作做快做好，自然不会有任何畏难情绪。

③合理运用番茄时间。番茄时间设定好了是不能被打断的，如果被打断了，要重新设定开始。否则，你所设定的时间就毫无意义了，效率不会提高。

3. 不要事倍功半，要事半功倍

I

有一阵子，为了减肥，佳佳想了很多办法：喝减肥茶，吃减肥丸，去健身房……最后，她甚至拉上我要互相监督——美其名曰"帮助你塑身"，其实是想有一个能够监督她的人。

答应佳佳以后，我带她减肥的主要途径是爬山。

只要周末阳光明媚，我就会约上佳佳去郊区爬山。而爬山前的热身运动，便是提前一两站下车，然后走过去。等身体差不多热乎了，我便开始拉着她往山顶上冲。

每一次，我们都会花一个多小时爬到山顶。在观景台处大声呼喊，放空自己后，再慢慢下山回家。

佳佳知道我爱爬山，体力也不错，她基本上都是跟在我后面慢悠悠地走。等她走到开始喘粗气时，便要我拉着她，慢慢地走走停停。这样，预计到达山顶的时间被拖延了很长,让我没法一气呵成地完成任务。

我们坚持爬了好几次后,佳佳的苦恼还是没有消失——称体重时,不仅没有瘦,反而胖了不少。她气得不想再爬山了,在我的劝说下才打算再坚持一个月看看效果。

有一次爬山途中,我们正在休息,一对年迈的老夫妇从我们身边走过。不一会儿,人家已经超过我们很远,我们的羞耻感便立马蹿了出来,于是,我们全身像瞬间注满了力量,赶紧跟上老夫妇的步伐。

跟了一段路,佳佳又开始一会儿快一会儿慢,使得我们离老夫妇时而远,时而近,但我们没有像之前那样再停下来过。为了追随老夫妇的脚步,我们哪怕气喘吁吁也要逼自己坚持下去——当我们顺利到达山顶的时候,发现竟然比以前提前了20分钟。

我们俩欢喜得蹦起来,老奶奶笑着对我们说:"年轻人,爬山要一鼓作气,有个目标就完成得快了。"

我们这才反应过来,原来,每次我们以为要被老夫妇甩掉的时候,他们就会立刻出现——这并不是我们走得快,而是他们故意在等我们。

得到经验之后,佳佳对减肥开始有了方向。她给自己制订了一个长期计划和一个短期计划,用她的话来说:"先减掉两斤再说。"

有目标的减肥,让佳佳的减肥效率高了起来,短期目标很快就实现了。她在山顶上高兴地宣誓:"接下来,我要减掉5斤!"

一生中,我们要忙的事情有很多,但会不会忙得另说。在做一件事的时候,如果我们没有目标,那么,做这件事所消耗的时间会相对较多。

忙忙碌碌容易,但有目标地做事,才能让你事半功倍。在同样的时间里做更多有意义的事,效率提高了,你的忙才会有所回报。

II

做运营工作,最忙的要数月底月初。这不,我从早到晚都在进行着高强度的工作,每天到了下午三点多,手腕就开始阵阵发痛。

后来,为了下班回家能多休息一会儿,我便把午休时间都拿来工作。结果是,整个下午我都很疲倦,即使看着屏幕,脑子里也是一片空白。

那时,我尝试着改变自己的一些生活习惯。比如,晚上回家早点睡觉,但第二天没有午休,依旧还是会在下午打瞌睡。

有一天中午,我正兴奋地敲着电脑,旁边的同事小周从睡梦中醒来，没好气地对我说："我劝你还是休息一会儿吧，哪怕10分钟。"

我没有听他的，依旧继续高强度的工作。结果是，下午三点时我就困得不行，工作时老是打瞌睡，迷迷糊糊中将自己做的表格给清空了。

我吓得傻了眼，急得像热锅上的蚂蚁。小周递给我同情的目光，劝我："你趴着休息一会儿吧。"

一份表格清空了，意味着我做了好几天的数据都白做了。我又急又气，本意是想快速搞定这项工作好进行下一项，让自己早些结束这样忙碌的时光，结果却给自己造成了更多的工作量。

小周见我这样着急，就跟我互换了位置，要给电脑安装一个专业程序找回文件。

我趴在小周的桌上，头沾着桌子就睡了过去。醒来时，本以为过了许久，结果一看表才睡了20分钟，但脑袋清醒了很多，整个人也神清气爽。

后来，我发现小周再忙每天中午都要睡一会儿，哪怕吃完午饭回来晚了就剩几分钟的时间，他也要在桌上趴一趴。

我对午休没有小周那般执着，于是不解地问他。他笑着说："午休20分钟，效率比夜晚更高。并且，这能让你在下午恢复精气神。"

之后，每次一到点，小周就跟我互相监督午休。所以，无论下午工作到再晚，我的精神都特别好，思路也特别清晰，感觉整体的生活感受也提高了不少。

小周的高效工作秘诀是："午休半小时，能让你事半功倍。"后来，他在分享经验的时候时常喜欢将这个秘诀拿出来，让公司里的人都跟着他午休。

有时候，为了能快速地完成工作，我们便把午休时间也用来工作，以为午休就那么一小会儿，对自己一天的工作毫无影响。但是，这恰恰让自己的身体处于最糟糕的疲惫状态。

别让忙碌占用了你的午休时间，午休可以很快地将身体元气恢复过来。醒来之后，一个人的思维性、敏锐性会提高很多，工作效率自然也会提高。

Ⅲ

工作中，能把握谈话艺术的人，做事也会事半功倍。佳哥就是这样一个"工作达人"。

高中毕业以后，佳哥就外出打工了，当时做的工作是沙发销售员。

刚开始做销售的时候，佳哥什么也不懂，但好在他勤奋踏实，每天工作起来就像打了鸡血一样，倾注了自己所有的热情——他仿佛天生就是为了销售而生。

为了做好销售，佳哥对每位顾客都能保持像侍奉上帝那样的态度——真诚。很多客户都喜欢跟他打交道，但每当月底统计销售额时，他却总是拿倒数第一。

佳哥不明白，为什么自己的人缘这么好，而业绩这么差？

有一次，佳哥负责的一个单子被同事拦截，起因是：客户跟着佳哥看了一圈沙发，正在谈购买的时候客户说了一句："我回家跟老婆商量一下，考虑好了再通知你。"他便信以为真，真的坐等两天，其间还给客户发信息，期盼着人家的到来。

然而，客户始终没有来。后来，组长为了不失去这个单子，便派另外的同事去跟客户接触。结果，客户竟直接下了单。

佳哥很奇怪，跑去问同事原因，这才知道客户的弦外之音：期望再讲讲价，互相让一步。而佳哥竟真的理解成人家要"回家跟老婆商量"。

之后，佳哥发现销售员不仅需要态度和努力，更需要销售技巧。比如，听懂客户的潜台词。

为了学习潜台词，佳哥跟组长申请了一个星期的时间，跟着老员工去跟客户打交道，并且在洽谈过程中都会录音，过后用小本子把重要的地方记录下来。

比如，客户逗留在原地，并且脸上表现出情绪时，潜台词是：他内心对这款产品有了想法，但又差了一点儿冲动消费的理由。这时候，佳哥便把握住局面，立刻根据客户的心理提出解决问题的方案，最后获得了成功。

通过这样的办法，佳哥学习了很多做销售的心理战术，并且在实际应用中把它们发挥到了极致。

慢慢地，佳哥成了销售部门的销售冠军，很快升了职，也获得了更多客户的青睐。有时候，还有一些老客户会介绍新客户过来购买。

会上，佳哥总结说："做销售也是一门技术活儿。"

在进行一个项目时，我们首先要满足顾客的需求，如果把握不了顾客的需求，做得再多也是徒劳。而如果在与顾客沟通时不懂谈话的艺术，更是会白忙活。

优秀的工作达人懂得谈话的艺术，他们能读懂客户的潜台词，更能深入分析、挖掘、提炼出有效信息，使自己的工作效率不断提高。

很多同学每天熬夜学习，考试成绩却不尽如人意；很多职场人每天熬夜加班，效率却总是低下；很多销售员每天都像打了鸡血，回头看时却发现自己一事无成。

忙忙碌碌容易，但有时结果并不是事半功倍而是碌碌无为，这是没忙到点上。

世上最蠢的做事方法是自己感动自己，而聪明人知道要给自己定一个目标，去领会工作中应懂得的必要技巧，才能忙到点上，才能有事半功倍的效果。

事倍功半小贴士：

①做事之前先定一个目标。有效的目标能让一个人工作做起来事半功倍，所以有必要制定长期和短期的目标。

②午休时间不可少。哪怕午休20分钟，也能在后面的工作中提高工作效率。

③懂得谈话的艺术。工作中，有很多地方需要跟别人接触，因此，懂得谈话的艺术十分重要。而谈话的艺术中，重要的就是明确客户心中所想。

4. 学会区别重要事和紧急事

I

毕业答辩时，小雨得到了一向温柔的指导老师的多次警告，次次程度都会加重，甚至以"再不认真，就毕不了业"来督促他认真准备毕业设计，但他依旧不为所动。

原因是，小雨觉得自己目前的事业更重要。

大四以来，小雨跟几个志同道合的同学开始创业，公司搞得风生水起，还得了学校的创业类奖项，被老师和同学夸赞不已。

但想要从学校顺利毕业，还有一件十分重要的事——做毕业设计。

那时，大多数时间小雨都在校外的公司里，只有老师通知开会时，他才会慢悠悠地赶回来。为了让老师放心，他常常向老师保证，说自己会一边创业一边跟着老师的步子走。

但当大家的毕业论文都定稿时,小雨的论文才写到一半;当大家开始查重时,他的论文才誊写完;当大家准备答辩时,他还在忙公司的事情。

最终,结果如老师预期的那样,小雨进行毕业答辩时好多问题都答不上来,只得站在全班同学面前丢脸。

后来,我们全都顺利毕业了,小雨的二辩还没过,只得等下学期和下一届同学一起重做毕业设计。

我记得指导老师也曾苦口婆心地劝小雨,要做好当下的事情,他却不以为然地说:"我在创业,我很忙。"

老师生气极了,说:"请你搞清楚什么叫作紧急事和重要事!什么事该立马去做,什么事可以过后再做。"

那时,小雨依旧没有吸取教训。

毕业以后好久,小雨都没有再跟我们联系。直到一次同学聚会时再见到他,聊到毕业论文的事情,他流露出深深的悔意。

原来,小雨对老师当初的教导并未放在心上,后来总算毕业了可以专心创业,也因为不懂得区别重要和紧急的事而最终失败。他这才发现,他根本不会合理地安排自己的工作。

创业失败以后,小雨和团队一起做了深刻的反思,也参加了一些创业培训课。在课堂上,老师点出了他不会安排重要事和紧急事的问题,他这才重视起来,慢慢地开始改进自己的工作方法。

此后，每次小雨都会把事情分为紧急的和重要的，再按照自己划分的等级去完成。他说："会区分紧急事和重要事，别看这是一件小事，也能影响自己的命运。"

把事情堆积到一起再分类处理，看起来是一件小事，其实是一个人工作能力的体现。一个不会区分紧急事和重要事的人，一定会在事情来临时不知所措，以致耽误进度。

真正的忙，是懂得如何区分紧急事和重要事，再按照自己的章法去处理。这样做的话，顺手又顺心，不会被拖延症给害了。

II

周逸最讨厌自己明明能区分紧急事和重要事，但就是在行动上做不好，老是惹人骂。

我们还在学校的时候，一听说小雨的事情，周逸立刻做出一副很自信的样子。他说："要是我在小雨的位置上，一定能把紧急事和重要事处理好，那难不倒我。"

工作以后，当许多事情都堆积到面前时，周逸才发现自己的脑袋也不能遇事立刻反应过来。比如，他在认真工作的时候，突然来了一个陌生电话，他不知道对方是谁，干脆装作没听到。结果因为是领导打来的电话,他误了处理重要事的时间。后来,他吸取教训,什么陌生电话都接,结果自己被打扰,手里的工作忙不完,只得加班。

周逸懊恼不已,他也被领导训斥了多次。

后来,为了避免这样的事情再发生,周逸便把全公司人员的电话都存进自己的通信录。同事之间,一般不太紧急的事情都是通过微信联络,只有打电话是需要紧急处理的,于是,后来他就只接显示来电姓名的电话。

为了能更好地区别事情的轻重缓急,周逸首先从自己的选择开始。

每次碰见要做的事情,周逸都会非常快地在心里问自己:哪些是什么时间段需要完成的,哪些是不急的,哪些是重要的。然后,把这些事情放进自己的"目标事情表"里,把它贴在电脑桌前,时不时看一眼。

有时,周逸外出开会或者出差也会带上这份"事情表",每次在事情来临的时候,他便会先把事情记进表里。等空下来以后,他又会把自己设计的"象限图法"拿出来,把事情归纳进象限里,让自己更加有计划地工作。

此后,周逸的工作效率提高了很多。在同学会上分享经验时,他告诉我们:"永远要先做重要且紧急的事情,这样才能在短时间内做出更多有效的工作,这样才会让你专注于眼前的事情。"

后来，周逸靠"象限图法"成了公司里工作量大、工作效率高的管理层。他还把"象限图"挂在家里，把家事也进行分类，这样既照顾到了家人，也不会耽误工作。

有很多工作方法，其实我们都了解过，并且知道该如何去做，但真正落实到行动上的时候，很多人都会麻痹大意。这也是为什么有的人能做好事情，有的人做不好事情的原因。

区别重要事和紧急事，其实是为了在有限的时间里，给自己和别人创造更多的价值，而这仅仅是一个基础。当你不知道如何做时，不妨用"象限图法"把事情分为四个象限，再落实到行动上。

III

勤哥，如他的名字一样勤劳。作为前公司里有自律性的老员工之一，他把自律发挥到了极致。

印象最深的是，每天早上勤哥来公司的第一件事，就是把今天一天自己要做的工作进行系统性的归纳整理。然后，把当日最重要的三件事精简出来，列在便利贴上。剩下的事情，他会再分类做好计划，等做完重要的事就去一一执行。

这样，每次一到下班的时间，勤哥总是准时关电脑，留下我们继续奋战。

有时候，组里搞团建活动，我们都会忍不住让勤哥传授工作经验。他便会严肃地说："没啥经验，记住一点：不要想着把所有的事情一下子都做完。"

后来，我们发现，很多时候勤哥并没有在计划表里把月计划都写进去，而是在手边写下最重要、最紧急的事情。晚上睡觉之前，把当日的工作总结简单地做完，再关注一下月计划就可以了。

日日复年年，勤哥都是这样过来的。

我们很疑惑：即使把工作进行最详细的分类，有时也会因为精力有限而无法全部完成，这样对工作进行分类既耗时，又毫无意义。

勤哥胸有成竹地拿出另一张纸递给我们。原来，勤哥的手里还有很多没做完的计划，而他的聪明之处在于，他懂得最重要且紧急的事情要先做，同时也要舍弃不重要、不紧急的事情。

当把重要且紧急的事情做完之后，如果时间够，就继续做下一项；时间不够，就放弃。这样的话，整体工作进度才不会有所耽误。

勤哥说："到了晚上，如果你发现自己列出的事情没有做完，没关系，因为你已经把最重要的事情和最紧急的事情做完了，剩下的就可以安心地等到明天再做，自然能睡个安稳觉。"

后来，在一次紧急的投标项目中，因为勤哥快速地弄清楚了整体的工作脉络，抢在第一时间将项目拿到手。结果，不仅公司营业额上升了许多，他也得到了一大笔奖金。

勤哥说："做人做事贵在小事上面的分毫，而懂得放弃也很重要。"

现在，勤哥依旧执行着这样的方法。他带领着团队，一直有着大量的工作任务，但他能把每件工作按时按质完成，最后成了公司的备选管理人。

在会区别重要事和紧急事之后，你一定要明白，不是所有事情只要自己做了计划就可以完成。时间是有限的，在工作中，很多时候要懂得舍弃不重要且不紧急的事。

如何舍弃，也是一个重要的环节。有的人不会舍弃，看见自己没做完的计划，到了半夜才开始着急，以致无法安然入睡，而到了第二天工作状态就欠佳。真正的忙，是懂得永远要先做重要且紧急的事情。

工作之所以叫工作，是人类社会发展最重要的一个环节。在工作中，我们会遇见很多事情，然后要动用各种方法去解决问题，这就是我们每天要做的事情。

因此，你要懂得区别重要事和紧急事，并将之落到实处，让工作变得简单而高效。

划分事情小贴士：

①把事情按照等级来划分。把事情按照自己所能快速完成和重要的顺序划分，然后再分开去做，能够快速、高效地完成。

②利用"象限图法"将事情落到实处。会区别重要事和紧急事之后，还必须要将之落到实处。

③自律很重要。有了解决问题的方法后，还需要自律——自律会让人在做事情的时候变得十分高效。如果一个人不自律，懂得再多的方法也没用。

第四章

生活不止工作,还有"诗和远方"

1. 生活不止工作，还有"诗和远方"

I

我在一个写作群中认识了晓洁。

那时，我们都喜欢旅行，因此，比起他人，我们更加熟络一些。但晓洁的写作方向与我不同：她是职业网文作家，基本都是在网站上发表小说。不像我，常常没有一个固定的写作基地，都是靠项目吃饭。

毕业以后，晓洁把写网络小说当成了本职工作。每个月为了能多挣点钱，她要同时写两到三部小说。

每当我起床时，她已经在电脑前写了几千字。每当我深夜写完稿子时，她还在写。她比很多作者都要辛苦，很少有休息的时间。

有一天，晓洁对我说，她想出去走走。

她很久都没出过门了，家里的一切都是母亲在打理，她只坐在几平方米的小卧室里，编织着遥不可及的梦。时间久了,她变得很抑郁。

我曾问晓洁,为什么不写完一本小说就停下来休息。

晓洁苦笑着说:"停不下来的,读者、编辑都要催你继续写下一部。当更高的稿酬摆在你面前的时候,你回头看看家庭情况,就没有停下来的理由。"

于是,晓洁休息不到一天,又开始了下一部的新构思。如此恶性循环,她那压抑在美好和现实之间的灵魂,便越来越沸腾,越来越煎熬——直到母亲发现了晓洁精神状态的变化。

母亲曾多次要求晓洁,哪怕她出去换个地方写稿子也行。她尝试过一次就没再去,因为找地方花时间,在路上也花时间。她说:"有那时间,我又能写很多了。"

晓洁继续把自己关在卧室里。

母亲看着着急,想着晓洁喜欢旅行,于是买了很多壁画和小物品,把她的卧室重新装饰了一下。特别是墙上那一幅逼真的壁画,让人看上去就像置身于美景之中,赏心悦目。

母亲告诉晓洁,每天趁电脑开机的空当,想象自己正在风景宜人的景区里写作。她开始有些不适应,后来便习惯了。

每天坐在这样的环境里,晓洁想象自己在这些地方旅行,心情舒畅了很多,写作速度也快了起来。有时候写累了,便在床上躺一会儿,望着天花板上另一种美景的壁纸,心情瞬间又好了。

晓洁不再抑郁,虽然依旧每天面对着电脑写作,没有太多时间去休闲,但她找到了心中的度假时光。

旅行是一种缓解疲劳和释放自己的方式,但如果你忙到连休息和度假的时间都没有,那么,你就要用另外的方式来释放自我,而不是任其发展。

如果你每天都要待在同一个地方工作,不妨将周围的环境装饰成自己喜欢的样子。或者定期给房间换一种摆设,使自己找到心里的度假时光。

II

提到没有时间度假的人,我第一个想到了"空中飞人"康哥。

刚认识康哥的时候,我还是一名刚决定考研的学生,而他已经是大学研二的学长。那时我常常咨询他关于考研的事情,他总是忙得要隔很久才回我一句。

康哥毕业后,顺利应聘成为一名经常为打官司在全国各地奔走的律师,我们聊天的次数更加少了。

直到我考完研,康哥来问我情况,我们才聊了一会儿。

第四章 生活不止工作，还有"诗和远方"

康哥所在律师事务所的那个组，常年有很多难缠的官司，偏偏他是组里唯一的男生，便负责需要到处跑的案子。他一出差就是一个星期以上，等做完这个案子，下一个案子马上又来了，所以他几乎没有自己的时间。

康哥坚持了一年多，飞遍了全国各地，性子也越发地大起来。

康哥有洁癖，但不得不经常住在不同的酒店。大城市有五星级酒店还好，大多都是干净的，但有些小地方只有廉价的快捷酒店，他就睡不好。如果再加上遇到的是难缠的案子，内心的火药便立刻"砰砰砰"地爆炸。

回到家以后，康哥疲倦又劳累，也只想一个人好好地躺在床上睡一觉，或者发发呆，不希望被别人打扰。久而久之，康哥就失去了社交的兴趣。偶尔有饭局的时候，他的心里也会充满各种焦虑，最后干脆能推的饭局全都推掉。

有一天，我发现康哥发的朋友圈信息很奇怪，于是问他怎么了。

康哥特别疲惫地回我："对不起，我犯矫情了。"说完，他便把朋友圈删掉，解释说："长期一个人在路上，我现在坐一次公交车都觉得内心焦虑。"

康哥的改变，是后来出差时在一趟火车上开始的。

那天，他在火车上碰见了一名旅行家。他低头看着资料，而对面旅行家的镜头"咔嚓"声总是在他耳边响起。他不耐烦地看向旅行家，对方却朝他笑笑，将刚才拍的照片拿给他看。

旅行家说："路上的一切都是风景，年轻人，这个时间适合放松。"

康哥想着自己低头工作的样子，看着窗外的美景，恍然大悟。他一直想要抽空去旅行却找不到时间，其实，每一次出差都是一种全新的体验。

后来，只要是出差，康哥都会在路上让自己放松。他不再像从前一样埋头看资料，而是拍很多风景照发到朋友圈分享给大家，偶尔也会拍一些自己在路上遇见的人和事。

康哥没有了以前的焦虑，也喜欢上了交朋友。用他的话来说："这样的方式能让我心情变好，工作效率也高，何乐而不为呢。"

我们一直向往着远方，总想着等闲下来再去抽时间度假。事实是，这个时间不知道什么时候会来，于是就一直不停地等待。这不是自我安慰，而是不停地错过。

其实，美景一直都在我们身边。去一个陌生的地方出差，也是一种独特的旅行——也许它离得不远，也许它不是想象中的仙境，但路上的一切都是全新体验，值得我们记录和回味。

第四章 生活不止工作，还有"诗和远方"

III

我是一个很喜欢旅行的人，几乎把每年必去一个地方当作生活准则来执行——规定在忙完之后，要用度假来填补自己所流逝的初心。所以，我总是给自己制订旅行计划：三个月的，半年的，一年的。

我给自己的座右铭是：再忙也要去旅行。于是，朋友常常说我是个闲人，其实不然。

我是一个典型的工作狂，有时候甚至忙到吃饭的时间都没有，能整天坐在电脑前一动不动，直到肩膀、手腕酸痛。正因如此，我更知道在休息的时候自己需要高质量地放松，而度假正是这样一种方式。

以前，我还在读书时，没有这么强烈的旅行欲望——每天的课程从早排到晚，又因为参加了学校里的许多社团，时间几乎被繁忙的社交活动占据。我没时间写很多文字，也没时间去心中的远方。

到了学期末，课程渐渐都完结的时候，我也只想躺在床上好好放空一下自己。那时才发现，自己的内心已经完全静不下来，翻阅书本都只是草草地看一眼，连写了什么都不知道。脾气也变得十分暴躁，身边的朋友被我得罪了很多。

那时，我的生活充满了迷茫。

暑假的时候，家人带我出去散心。在旅行的路上，我见过很多不一样的风景和事情，看过大山也见过小河，心里便宽阔了许多。

我忽然明白：一辈子很短，一瞬间很长，坚持自己的初衷才能走向更远的远方。

回家以后，我给自己制订了每年必须出去走走的计划，打算在旅行中拾回自己丢掉的初心。

朋友笑说："你变得开朗又温和了。"

我笑了笑，大概我是把度假也当作了生活的一部分，心态就平和了很多。

为什么要旅行呢？因为，无论你多么坚守本心，生活的烟尘总有吹到你心上的时候。如果你遗失了自己，又何来美好生活可言？

每年给自己定个小目标吧！无论再忙，也要抽时间出去走一走，让自己在大自然里放空，找回自己曾丢失的东西。

有人说，人的一生至少要有两次冲动：一场奋不顾身的恋爱和一次说走就走的旅行。

在当今时代，旅行之所以变得如此重要，是因为它可以让你逃离生活的喧嚣，把自己的希冀变成现实，让自己有一种实现梦想的自豪感。

没时间度假真的很危险，其中重要的一点危害就是让你失去本心。所以，当你工作很忙的时候，不妨试着来一场旅行，体味旅途中的美好。

因为，生活本就是一场有去无回的旅行。

度假小贴士：

①如果一直待在同一个环境里，就把它打扮得美丽一点。美好的环境也能让人的心情变得美好，置身其中，工作效率就会提高。

②留意身边的风景。其实，并不是要去远方才是度假，走路、坐车等，路过的风景也都是远方。仔细体味，你会发现生活的美妙。

③给自己制定一个旅行计划。无论多忙，都需要静下心来拾回初心，抽时间出去走一走，哪怕是去不远的地方。

2. 别让工作拖累你的家庭

I

我从小就怕去医院,还好自己的身体一向挺棒的,所以认识的医生寥寥无几。因此,我对偶然认识的医生王姐的印象非常深刻。

王姐是我去医院看望朋友时认识的一名医生,她性格温和,乐意给病人解答问题,比起许多医生来说,她很有耐心。因此,我冒昧地加了她的微信,两个人偶尔在微信上也能聊几句。

王姐的工作很忙,平日里几乎不怎么发朋友圈。因此,国庆节看见她在朋友圈里吐槽,我的心里也五味杂陈。

王姐说:"好不容易放假了,孩子却不愿意跟自己待在一起——自己这个当妈的,还不如一个新买的玩具。"

我非常疑惑:王姐性格温和,自身也十分优秀,怎么会跟自己的孩子处理不好关系呢?

第四章 生活不止工作，还有"诗和远方"

朋友时隔三个月再次住院复查，王姐来查房，撞上我去看朋友，我们便聊了起来。这时，我才知道，之前她在朋友圈吐槽不是没原因。

王姐作为一名医生，在工作中付出的时间占了她生活的一大半——除了每周三天在门诊值班，她还要负责一些手术。虽说大家都是轮休，但只要有病人来，她根本没法下班。

由于长时间工作，休息不好，久而久之，王姐落下了腰疼的毛病。一旦工作超时，腰就疼得不行——用她的话来说，有时候她要站在手术台上10个小时，腰疼并不会因为她是女人就减轻。

有时，王姐下班回到家已经是凌晨，她想看看孩子，但孩子早就睡了。一个月到头，她跟孩子相处的时间总共就三五天。时间长了，孩子跟妈妈一点儿都不亲。因为照顾不到家人，婆婆也跟她急。

有一次，王姐正准备做一台手术，丈夫打来电话说孩子高烧得厉害。她只得嘱咐丈夫几句，便上了手术台。

那台手术做了5个小时，王姐经受了心理上和生理上的双重压力。下手术台后，看到丈夫给自己打来很多未接电话，当看到最后那句微信消息"孩子退烧了，放心"时，她躲在休息室里大哭起来。

下班后，王姐请了一天病假。回到家，看见躺在床上虚弱的孩子和靠在床边打盹的丈夫，她心疼不已。她忽然想起，自己很久没有感受过跟家人在一起的幸福了。

后来，王姐工作起来还是很拼命，但换了一种方式。

以前不按时吃三餐的她，给自己定了进餐闹钟，每天提醒自己按时吃饭；坐诊时间久了，她就会去查房，让自己走一走，活动一下筋骨；听到有人说哪家餐厅的饭菜好吃、哪个地方好玩，她便会记下来，等下班或周末抽时间和丈夫带着孩子一起去……

后来，我问王姐，这样做有什么意义。她说："照顾不好家人，就照顾好自己。这样，家人不会担心，自己也能安心。"

工作是永远做不完的，一忙起来就会忽略家人，表面看上去，工作是为了家人而劳累，其实毫无意义。

在家人心里，最让他们放心的不是你努力工作挣钱，而是你再忙也要照顾好自己，因为身体是革命的本钱，他们需要你。所以，你不能因为工作而忽略了家人，忽略了健康。

II

大学没毕业之前，有段时间我迷上了设计。为了学设计，我曾和同学张晨找了一家公司实习。

那时，张晨与我的差别很大。

我是本地人，做兼职从来不在乎钱多钱少，只在乎能否学到什么。而张晨来自外地，家庭情况也不太好，还有个读高中的弟弟。张晨和弟弟能够上学，全靠父亲一个人在外打工挣钱，所以他非常懂事。

在公司实习时，张晨非常努力，什么活儿都愿意干。那时，公司里流传这么一句关于他的话："忙不完的工作，累不死的张晨。"

别人都以为张晨是拼了命地想在毕业后留在这家公司，其实他努力的原因很简单，就是想为家里减轻一些负担，不再让家人为自己担心。

有一次，公司有一个项目很重要，要处理的事情比较多，每个人都要连着加好几天的班。眼看着项目快要完成，张晨却突然出了事：因为长期熬夜，又不爱喝水、运动，他得了急性肾结石，急需动手术。

做手术需要家人签字、陪护，在我们和医生的极力劝说下，张晨才无奈地给父亲打了电话。他心里很难过，甚至说："让我爸看见我这个样子，我不如去死。"

好在张晨的父亲没说什么，立刻从外地赶了过来。

张晨的父亲是个沉默寡言的人，从赶来医院的那一天到张晨做完手术出院，他都没有跟张晨说过多少话。

直到张晨送父亲去火车站,临上车时父亲嘱咐他:"晨晨,爸爸知道你懂事,但现在最重要的是你的身体。你要是心疼爸爸,就先把自己照顾好,爸爸也不至于这么远还跑一趟。"

自那以后,张晨依旧努力工作,但不再像以前一样只看重工作而长期熬夜了。他把健康放在了首位,开始制定每天的作息表,并且让我监督他去严格执行。

因为这一改变,张晨的身体慢慢恢复了健康,工作效率也并没有因为他把健康放在首位就降低。

工作对于每个人来说都是重要的,特别是那些需要依靠工作来改变生活质量的人。但如果一味地只拼命工作,不注重健康,身体迟早会向你"叫嚣"。

如何兼顾工作与健康,也是我们一直所追求的生活准则。有时候,对家人最大的关心并不是自己有多优秀、给了他们多少钱,而是能照顾好自己——只有把自己照顾好了,家人才会放心。

Ⅲ

提到如何兼顾工作和家庭,我想到了表姐可欣。

可欣是新时代的优秀女性,自己开了一家商贸公司。

第四章 生活不止工作，还有"诗和远方"

在经过几年打拼之后，业务已经日益稳定。

而可欣的身体素质，那就更不用说了，因为健身房是她的第二个家。即使某天没有瑜伽课，她也会去健身房跑跑步、做做小操。三百六十五天，如果没有意外，她会天天去。

有时我去表姐家玩，她知道我写稿辛苦，耗费心神，便给我科普健身房的各种好处。我爱把表姐和我的合照发朋友圈，并调侃她是"健身女王"。有一次王姐看到后，她也被吸引住了。

王姐听说可欣经营着一家公司的时候，很奇怪她是怎么处理家庭与工作的关系的。我便把我们三人拉进一个群，让表姐传授她的经验，我也因此重新认识了表姐。

可欣刚结婚的时候，只是一名小职员，她老公的职位虽然是经理级别，但两人的全部收入加起来并不高。

每天，可欣都在公司里努力地工作着，但业绩一直不佳，经常受到组长的刁难。有时候她忍了一肚子火回来，便往表姐夫身上发泄。

好在表姐夫比较温和，常常是两人吵了架，表姐夫回头就去哄可欣。

直到后来，可欣查出来乳腺增生，医生嘱咐她少生气，控制好自己的情绪，不然后果很严重。表姐夫一听急了，立马让可欣辞掉工作，不再受那份气。

可欣很委屈，问道："辞了职，我干吗？我不想回去当家庭主妇。"

表姐夫思来想去，最终也决定辞职，然后两人开一家夫妻公司。表姐夫说："凭着我多年的经验和人脉，足够让家人过上好日子。"

公司开起来后，两人的工作都很忙，但可欣十分重视健康，于是跟表姐夫做了很多约定。

在一方忙的时候，另一方来带孩子；两个人都忙，实在抽不出时间时就培养孩子的独立自主能力，让他在家里自己做饭吃；每天至少要抽出一个小时锻炼，去健身房或者吃完饭下楼散步；每年都要带家人去体检，从预防小病做起……

现在，表姐一家的生活其乐融融，身体也都健康。偶尔，他们一家子还会去旅行，可谓羡煞旁人。

有人说，一口咬下两个饼是错的。但是，在健康和工作之间，我坚信两者可以兼得。那些为了工作而失去健康的人，都只是因为懒。

意识到健康的重要性，在生活中以各种方式来照顾好自己，是一个成年人应有的能力。

随着自己的成长，我们渐渐发现，我们开始步入上有老、下有小的日子，便只能拼命地工作挣钱，给他们更好的生活。

但是，如果你细心一点还会发现，当自己拼命工作的时候，健康却在一点点消失。有句话说得不好听，却很有道理：别等到挣了钱没命享受的时候才知道后悔。

其实，家人并不在乎你有多少钱，而是你有没有照顾好自己。所以，如果你是工作特别忙、顾不了家的人，请一定照顾好自己。

照顾自己小贴士：

①制定作息时间表并严格去执行。一份好的作息时间表，会在适当的时候提醒你该如何关心自己，让你即使沉浸在工作中也不会忘记休息。

②坚持锻炼身体。锻炼身体的方式有很多，每天至少要留出一个小时，选择一样你觉得可行的方法坚持锻炼。

③定期体检，预防疾病。定期体检会让你明白自己身体的变化，也能及时预防疾病的发生。所以说，体检是必不可少的，特别是在30岁以后。

3. 爱情向左，工作向右

I

与我年龄一般大的小莫突然宣布下个月结婚，让我惊讶不已。

如今，小莫作为已有两年工作经验的室内设计师，在一家大型装饰公司工作。

做室内设计比做一般设计花的精力更大，工作起来更累，因此，小莫一直没时间谈恋爱。她一直自诩是一个对谈恋爱毫无兴趣的工作狂，后来干脆就不往那方面想了，打算先奔事业去。

小莫家是农村的，为了她的婚事，父母急得像热锅上的蚂蚁。村里的姑娘在她这个年纪早已结婚生娃，有些娃都能打酱油了。眼见邻居家的孩子也步入了婚姻殿堂，父母更是想尽办法屡次逼她去相亲。

因此，小莫的生活被工作和相亲挤得满满的。

第四章 生活不止工作，还有"诗和远方"

好不容易项目完成了，大家可以休息一天。小莫本想一个人安安静静地过，不料，父母却疯狂轰炸，让她去参加早已安排好的相亲。有一天晚上加班到十点，父母居然让相亲对象在公司门口等她，两个人只得在路上尬聊。

对此，小莫苦不堪言。但她能体谅父母的心情，也不好多说什么，因此常常把自己弄得很郁闷。她常常调侃，说连跟朋友叙旧的时间都没有了。

直到母亲生病住院，在母亲的病床前，小莫才感到愧疚不已。

母亲说："孩子，爸爸妈妈这么着急想让你结婚，是想看到你有个好归宿。一个女孩子在外面打拼不容易，总归要有个依靠啊。工作是做不完的，可是只工作不顾自己，你让爸爸妈妈如何安心？"

之后，小莫不再排斥相亲，反而让朋友们跟着张罗起来。只要有人介绍相亲，她都不介意花时间去接触对方。有时候，设计图纸要反复修改很久，同事们就会立刻帮她忙，好让她安心去寻找幸福。

工作中节约下来的时间，小莫也都用来去参加不同的聚会活动。认识更多的人之后，有更多的人了解了她的优点。

终于，在对生活充满无限憧憬的时候，小莫遇到了内心同样充满希望的他。她也终于明白，在这个忙碌的世界里，有个人可以依靠是多么幸福。

年轻的时候，我们总嚷嚷着先奔事业，再寻找幸福。但随着时间的溜走，我们不仅可能错过很多人，更加会让身边的亲朋好友为自己担心。

真正的忙，是为了生活的幸福而工作，而不是为了工作放弃幸福。我们来到这个世界上就是为了寻找幸福的，不是为了当工作机器。因此，再忙也要给自己腾出寻找幸福的时间。

II

有个好朋友曾给我讲过她同学蓁蓁的一个故事。

上大学时，蓁蓁是系花，她的男朋友也是系里出了名的才子，他们曾拥有过一段轰轰烈烈的恋爱，让同学们羡慕不已。并且，他们都是学生会干部，每次活动都能看见他们齐头并进的模样，颇有门当户对的感觉。

工作以后，蓁蓁和男朋友各自进了一家大型企业，也开始同居。本以为美好的生活就这样开始了，结果，生活的琐碎让蓁蓁从一个天真烂漫的少女，变成了一个整日祈祷着男朋友花时间陪她的"作女孩"。

蓁蓁是办公室文员，每天准时上下班，周末也双休，

第四章 生活不止工作,还有"诗和远方"

她的空闲时间比做建筑行业的男朋友相对要多。

男朋友一周几乎很少有时间能陪蓁蓁,有时他忙完回到家,她早已入睡,第二天又在她起床前就出门了。久而久之,她觉得这个家像是彼此的旅店,没有温暖,为此经常跟男朋友吵闹。

三年来,蓁蓁和男朋友已经度过了许多个没有礼物的节日,包括从传统佳节到自己的生日。蓁蓁的眼泪也流尽了,两人之间的嫌隙越来越大,直到男朋友说:"你现在简直不可理喻,我们沟通起来很困难。"

蓁蓁这才恍然大悟,原来一切早已改变。她说了分手,收拾好行李搬出他们的家,彻底斩断了这段坚持已久却看不到未来的爱情。

后来,蓁蓁遇到了现在的男朋友小贾。

小贾很忙碌,每天都埋头工作,但他总惦记着蓁蓁,提醒她吃饭、按时睡觉、天冷了要注意保暖……周末,他偶尔邀请她看电影,然后两个人一起散步回家。放长假时,他会带着她去旅游,吃特色小吃,虽然不贵,但都是美味。

蓁蓁这才发现,真正爱你的人,无论多么忙也会腾出时间给你,而不是以"我很忙"来搪塞本应该给你的温暖。

小贾正是在这种细节里用爱去温暖了蓁蓁,让她感受到了爱,也明白了什么样的爱情是自己想要的。

爱情要的不是天天黏在一起,而是彼此把对方放在心上，在很小的细节上互相关心。

有时候，我们会忙到没时间谈恋爱，便只能把恋爱的时间省略掉，全身心放在工作上，以致跟对方越走越远，从而分道扬镳。这是恋爱中最大的忌讳。

真正爱你的人，再忙也会花时间去关心和照顾你，哪怕是一个电话，一句简单的问候，一份小礼物。生活不止眼前的工作，请给爱人进入你个人世界的时间。

Ⅲ

邻居张叔叔家里总是吵闹声不断，大多原因都是他工作太忙，没法照顾家人，因此跟妻子的矛盾与日俱增。有时他们会闹到整层楼的人都听不下去，跑去他们家里劝说一番才能缓和下来。

张叔叔的孩子今年刚上小学五年级，妻子是家庭主妇，一家的收入来源就靠他一个人的工资，因此他全身心都在工作上面，没法照顾到家人。

日子久了，张叔叔对家庭表现出来的冷漠开始让妻子不满，只要家里有事，两个人可以毫无征兆地吵起来。渐渐地，他的生活一地鸡毛，就常常去应酬以此躲避回家——用他的话来说就是："在酒桌上都比在家里好。"

第四章 生活不止工作,还有"诗和远方"

直到张叔叔和妻子闹到了离婚的地步,妻子一气之下收拾东西回了娘家,将家里所有的事情都交给他,吵闹几年的两个人才有了冷静下来的时间。

这时,张叔叔才发现,他连孩子读几年级都不知道。

妻子回娘家以后的某晚半夜时分,孩子饿得哭着找妈妈,张叔叔只好起床给孩子做夜宵。这时,他才看见冰箱旁边的事项便利贴:星期几,孩子要吃什么,老公要吃什么,早餐要注意什么……

张叔叔这才发现,这么多年,妻子的爱都在这一张张温暖的便利贴中。而自己,只是用忙来逃避家庭责任。

后来,张叔叔带着礼物去把妻子接了回来。从此以后,他变了一个人似的,知道顾家了。

他买了很多便利贴,在每天早上出门的时候,用便利贴交代妻子:我的衣服已经放在洗衣机里,辛苦你了。爱你,老婆。

有时回家晚了,他进门便能看见妻子的便签:锅里有饭,凉了的话,自己拿去微波炉热一热。他便会在便利贴后面回复一句:已经吃了,别担心。你们以后别等我,早点睡觉。天冷了,注意保暖……

渐渐地,张叔叔用这种便签纸传达爱的方式,解决了紧张的家庭关系,他的生活也变得轻松起来。

生活里的柴米油盐，要两个人共同承担，而用忙来逃避付出，反而会让生活变得更加复杂和烦琐，争吵和矛盾也自然会加剧。

在琐碎的时间里，去找到一种可以平衡家庭和工作的方式，是必不可少的一门功课。再忙也要给家人腾出时间，在不辜负另一半和家庭的同时去奋斗。

很多人都觉得自己非常忙，有人甚至用生命去忙。但我们要知道，忙只是生活的一部分，不能替代生活，不能以忙为借口去回避爱的付出。

再忙也要给家人腾出时间，哪怕这个时间只是碎片化的，但对亲人之间的交流来说十分重要。

恋爱小贴士：

①忙的同时也要花时间去接触他人。如果你还单身，不要全身心工作，可以多参加一些聚会活动，说不定某一天就能找到自己的另一半。

②忙的时候，可以利用碎片时间去维系爱情。有人说，爱人之间，最怕一个忙，一个闲。如果你正处在这样的感情里，那么，你就需要把碎片化时间利用起来去呵护爱情。

比如，送上一句问候，相约看一场电影，或者哪怕只是吃街边摊的美味小吃。真正爱你的人，要的是双方在一起，不论你是否富裕。

③忙的时候，可以利用便利贴去维系家庭。如果两个人住在一起，因为工作太忙而没多少时间去沟通，这时就需要你主动找到一些巧妙的办法来维系彼此的交流。

比如便利贴。一个人写上对另一个人的关爱，另一个人便在后面回复自己对对方的关爱。

4. 生活，在八小时以外

I

公司曾经招过一个大三在读的实习生依依。

作为实习生，依依比一些全职员工还要努力。她每天激情饱满地来上班，在公司里会说很多笑话来缓解气氛，有时还会故意跟我"斗嘴"，让大家都开朗地笑，工作也轻松了许多。

那时，依依和我并称公司里的"开心果"。但她没有我这么闷，她比我会玩，我只知道整天工作。工作时，她是勤奋上进的小蜜蜂；工作之外，她就像是鱼被放回到了大海，逍遥自在。

依依租住着狭小的单身公寓，但房间里没有像别的女孩那样堆满衣服、化妆品等，她反而买了一些培养情致的物品，比如吉他、手卷钢琴、一套茶具、烤箱……

下班早的话，依依会把自己早已准备好的烤箱和书拿出来，一边看书学习，一边用烤箱学做各种各样的饼干、蛋糕。做成功了，第二天她会带到公司来让我们品尝。

有时下班回去晚了，依依便抱着吉他或者手卷钢琴摆弄一会儿，放松一下心情。

有时逢周末，依依会邀请我们去她那里品茶、聊天，分享彼此的生活。

那时，依依也是我学习的对象——她每天都精力充沛，精彩纷呈，让我看一眼就对生活有了新体悟。

依依做蔓越莓饼干最拿手，她隔三岔五就做，口感也越来越好。同事跟她提议："依依，你有空的话，要不就拿去卖吧。"

于是，在我们的建议下，依依从网上购买了精致的小礼盒装上蔓越莓饼干，下班后就在办公楼下推销。看她这般努力，所有同事也尽力给她做宣传。

依依结束了实习，离开公司不久，我从朋友圈得知，她开始以自己的手艺为生，创办了自己的蛋糕店，小日子过得悠然自得。

当同龄人还在适应社会的时候，依依已经赚到了第一桶金，买了房子和车，生活美得令人羡慕。

八小时甚至更长时间的工作，占据了大部分的生活。于是，很多人每个月盼着工资过日子，下班后宁愿躺在床上玩手机、倒在沙发上看电视,浑浑噩噩地度日,也没有享受生活的心情。

当回顾一天的时候,你会发现,你的生命都花在了工作上,而你几乎没有享受生活。此时,你不妨打起精神,把自己想要学的、喜欢的事情捡起来,即使花一两个小时,也要去学。这样的话,或许你会有意想不到的收获。

Ⅱ

小芳是我的朋友里最会玩的姑娘了,她的玩心,从高中开始就众人皆知。

高中时,周一到周五,我们几乎都在专心学习,小芳却把所有能利用起来的时间都用来玩——下课看杂志、课外书,回到寝室就聊天、玩游戏……

有时,碰到某个重大节日,她是最开心的一个,因为那是她大展身手的时刻。比如,有一次圣诞节,大家下了晚自习,小芳便召集全班女同学去她早已花了几天时间布置好的寝室里玩。在她的带领下,我们搞了一个小型聚会——关上寝室的门,大家开始唱歌跳舞。但最后惊动了生活老师,使整个班级都被点名批评。

那次,小芳被班主任教训得很惨,不得已消停了一阵子。

毕业以后,小芳依旧停不下玩的步伐,她总是在朋友圈发一些她带领整个公司嗨的照片，我们调侃她："真是一个天生的大玩家。"

小芳更开心了，说："生活那么无聊，要做个有趣的人才值得。"

小芳的有趣，不只在于她会玩，更在于她的脑海中有天马行空的想法。上班时，她常常会给公司贡献出古灵精怪的点子；下班后，她更是停不住地要跟同事们搞一些化装舞会之类的活动来玩。

有一次，小芳给我发来消息，说自己在参加"最受欢迎的主播"评选活动，让我转发朋友圈拉一下票。我惊讶极了，本以为很久没发朋友圈的她消停了，结果竟是去另一个世界玩了。

我问起小芳当主播的感受，她说："我从小就喜欢唱歌，但一直不知道该去哪里表现自己的才艺。现在有了主播这个渠道，我可以唱歌给别人听，每天都很开心，因为那些人一直夸赞我唱歌好听，这满足了我的私心。"

说着，小芳给我唱了一段，听得我也不禁拍手叫好。

从此，小芳找到了自己喜欢的副业，每天下班后都要抽三个小时到主播平台去唱歌。有时她会发朋友圈邀请大家来捧场，慢慢地，她通过这个平台认识了更多的人，也遇到了赏识自己的伯乐。

后来，小芳做主播的打赏收入已经远远超过工作挣的工资，她便辞职了，一心做起了主播。

我们劝她："别这么折腾。"

她说："喜欢，就去做！"

一个会玩的人，有时工作起来也是很厉害的——他的想法源于生活，因此会比很多死板的人的点子更生动。工作的枯燥，下班后需要我们花时间去排解，让生活焕然一新，成为一个不断有新想法的人。

那么，如何让自己快乐起来呢？

首先，你要知道自己喜欢什么，然后去做自己喜欢的事，你就会享受到它回报自己的无限快乐。这种快乐，是在做别的事情上无法获得的。

Ⅲ

我母亲的好友李阿姨突然辞职了，这个消息让我很震惊。

已经在公司工作了快20年的李阿姨，本再继续干10年左右就可以退休，以后则会拥有高额的退休福利，但她却做出了这样一个很需要勇气的决定。

李阿姨做事很认真，工作态度十分受老板赏识。20年里，她从一个刚毕业的学生，到如今集团部门经理的位置，

第四章 生活不止工作，还有"诗和远方"

耗费了许多心血。

直到几年前，李阿姨感觉身体不适，便听了同事的话，去健身房办了卡，准备锻炼身体，增强体质。

李阿姨一开始对运动没有那么执着，后来跑了一个月健身房，虽没有达到明显的效果，但能感觉到自己比以前更加有精神、有活力了。

在这样的效果引导之下，李阿姨便渐渐爱上了健身房的瑜伽课。公司里不忙时，她便提早下班去健身房上瑜伽课，然后再回家。在她的影响下，我母亲也加入了每日必去健身房上瑜伽课的行列中。

李阿姨常常给我和我弟弟科普健身的好处，耳濡目染下我们也受了影响。

后来，李阿姨知道年纪轻轻的我因为长时间盯电脑，身体已经开始出问题之后，每逢见到我，她都建议我去健身房练一段时间看看效果。母亲便帮我办了一张健身卡，监督我去健身。

一连去了几次，我的身体状况果然好了很多。我这才知道，工作之外还有很多有趣的生活等着我。

再后来，李阿姨偶遇一位教太极拳的老师，她便感兴趣地跟着学起来。她还报了老师的私教课，每周跟着老师到公园里打太极。

凭着努力、聪慧，李阿姨成了太极老师的左膀右臂。

他们每年都去参加春晚节目的海选,李阿姨则是帮着老师到处张罗的"班长"。

李阿姨辞职的时候,公司正在裁员。她想着,自己的志向已经不在这每天八小时的工作上了,不如回家追自己的梦吧。

她笑着说:"到了这个年纪才找到自己的梦想,也没什么好遗憾的。找到了就好,不管什么年龄,找到了就去追。"

有很多在八小时工作之外不知道做什么的人,并不是因为他们不想做了,只是不知道该从哪里开始做。所以,他们便把时间浪费在很多无意义的事情上面了。

如果你还没有找到梦想,没有找到自己喜欢做的事情,不妨从健身开始,在运动中去感受生活的魅力。相信你会在运动中找到自己喜欢的方向,因为运动本身就是一件很有魅力的事情。

快节奏的生活,让很多人无时无刻不处于紧绷状态,让他们没法在下班以后享受生活,甚至在高压下他们成了只会工作的机器。但是,这样的生活过一段时间可以,过一辈子的话,那便是白来世上一遭,更别谈享受生命的美好了。

第四章 生活不止工作，还有"诗和远方"

从现在开始，做一个对生命有着美好向往的人吧。在工作的同时，也要懂得适度地休闲，去八小时以外的生活里寻找自己存在的意义。

会生活小贴士：

①工作只是生活的一部分。人活在世上，要懂得生活。一天24小时，八小时只是三分之一，剩下的三分之二才是创造人生价值的时间。

②把自己喜欢的东西继续拾起来。喜欢是一切动力的来源，因此，不妨继续去做自己喜欢的事情。即使你在这些事情上进步比较小，也会收获很多快乐。

③如果你没有喜欢做的事情，就去锻炼身体。运动其实很广泛，它不仅会让你的身体保持一个好的状态，也会让你在其中得到快乐。

第五章

精进：
如何成为一个有学习力的人

1. 你的工作，必须劳逸结合

I

读高中时，肖京是我们班的学习委员，理化生门门拿第一，偶尔物理还能跟全年级第一持平。当我们还在绞尽脑汁地思考理化生题目时，他已经成了老师的左膀右臂——每一次，都是他代替老师给我们讲最后一道大题。

那时，肖京虽是我们班里的学霸，但更让人觉得不可思议的地方在于，他不是死读书的书呆子。

下课后，肖京跟同学们玩得很嗨；课堂上，他跟同学们抢着回答问题；学校里举行运动会，他会在班里带头参加。因为每天他都跟同学们玩在一起，完全看不出认真学习的模样。

当时，班里也有很多书呆子以肖京为榜样，拼了命地想通过勤奋学习赶超他。但三年下来，没有一个人的成绩能超过他。这也成了后来同学会上大家常常提到的憾事，以致很多人都以为肖京是天生的学霸。

其实,我们都"看错"了肖京。

高二那年夏天,学校把我们班每周四的体育课安排在了物理课前面。这使得每次上完体育课回到教室时,我们都汗流浃背,半天缓不过劲来。肖京也喜欢在体育课上跟男同学们一起踢球。

有一次,物理课已经上到一半,教室里还是一副闹哄哄的模样。老师实在忍不下去了,批评我们一通:"同样是学习,看看肖京,人家早已进入了状态,你们呢?"

这时我们才发现,整个教室里,只有肖京一个人拿着笔安静地在纸上写写画画——当大家还借着风扇散发热量和慢慢收心时,他早已随着课堂铃声快速地进入到学习状态。

高考时,肖京顺利考上了自己心仪的学校。

在发表毕业感言的时候,肖京曾对我们说过这样一段让人印象深刻的话:"其实,我并不是什么天才、学霸。我很喜欢玩,但唯一的不同之处就是我懂得什么时候玩,什么时候学习。比如,体育课就应该玩,下课了就要收心回到学习状态。"

上大学以后,肖京更会玩了,但也在学习中成就了自我——他经常在各种理科比赛中获奖。对他来说,通过学习收获的最大财富,就是有了一颗收放自如的心。

我们常常会看见一个人如何通过努力而成功，或者总把一个爱玩却成功了的人称为传奇。这是我们的思维惯性，事实并不是这样。

天才很少，大部分成功人士都是通过后天的努力才成功的。但努力并不等于埋头苦干、没日没夜地学习，而是劳逸结合，懂得什么时候该做什么事情。

II

有一天，妹妹跟我视频聊天，她特别惊讶地说："天啊，姐姐，我发现了一件奇妙的事情。"

听妹妹细细说完，我也真的很震惊。

妹妹比我小一岁，毕业后因为做外贸工作去了美国。每天她都忙得昏天暗地，很少有时间能跟我们说上几句话。

妹妹刚去美国时，负责整理公司的文件。按照流程，很多文件她都要拿去找老板签字后才能收入档案袋。第一次接触这样的工作，她害怕打扰到老板的休息，便在下午三点左右去找老板签字。

当她小心翼翼地敲开老板办公室的门时，发现本应该坐在办公桌前埋头苦干的老板，竟然躺在沙发上拿着手机玩游戏。

她愣住了，反而是老板很自然地对她说："等我一下，这一局马上就结束了。"

妹妹尴尬地笑了一下，问老板在玩什么游戏，结果两人还就游戏聊了半个小时。最后，妹妹在老板签完字离开办公室后，老板才开始工作。

自那以后，妹妹发现老板在上班时间常常做一些让她觉得不可思议的事：偶尔看一下游戏直播；约上几个朋友去打高尔夫球；喝喝茶、看看电影……

这一切突破了我印象中老板的形象，让我狭小的眼界仿佛突然被打开了。我问妹妹："难道他的工作不忙吗？"

妹妹说："其实老板的工作很忙，但他总能抽时间给自己放假。"

后来，每个月妹妹去找老板签字的时候，他都要留她聊一会儿，大多内容都跟工作无关，其中两人的共同爱好——游戏常常被当作谈资。

有一次，妹妹忍不住把自己的好奇说了出来，老板笑着说："整天工作，不代表就工作得好。同理，偶尔玩不代表工作得不好。我提倡每个人都要劳逸结合。"

自那以后，妹妹就细心观察起老板的做法。跨国公司有很多员工，大部分是中国人，也有少部分美国人。但无论是哪国人，几乎没有中国企业里的严肃感，反而轻松自在，工作流程也十分顺畅。

每天下午，公司还会有一个强制休息的时间。

在高强度工作的时间段里,休息区都是敞开的。很多同事工作到下午三四点时,都会去休息室喝一杯咖啡,聊聊天,然后回来继续工作。有时,如果领导看见谁不休息,还会说上他一通。

原来,不是每个老板都是工作狂。

印象中,我们以为努力工作就会有收获,拼命工作就会挣很多钱,大公司的老板都是工作狂……其实,这些都是片面化的认识。

人的身体有效率曲线,如果只会拼命工作,得到的可能只是糟糕的身体状态和一成不变的工资。但越是高强度工作的时候,如果劳逸结合,停下来休息一下再出发,工作效率可能会越高。

Ⅲ

前公司每个月都会有一次部门团建,届时吃什么、玩什么,全都由部门内部自行商量决定。那时,我们大部分人的工作都很忙,稍微闲一点的叶哥就是我们团建的领头羊。

叶哥比我们大三岁,早来公司两年。平日里,他工作非常认真,从早忙到晚,整个人连轴转。但他给我最大的印象,就是工作状态和休闲状态截然不同。

工作间隙,我们组的人喜欢嘻嘻哈哈互相调侃一番,以此来缓解工作压力。而叶哥从来不参与我们的嬉闹,总是安安静静地忙,但他其实是一个很幽默的人。

下班后,叶哥就开启了私人世界:他会在微信群里跟我们各种天马行空地大开脑洞;偶尔深夜跑出去吃烧烤,只是为了打发一下孤独;周末一个人去参加新奇有趣的活动,美其名曰"找生活的新意"……

叶哥是部门里公认的"会玩一族"。每次团建,他都会给我们推荐各种好吃的、好玩的,完全不带重样。

有时,我们打趣他:"你怎么知道那么多好吃的,是周末带女朋友试过吗?"

叶哥眉毛一抬,说:"哥推荐的都是亲自尝过的——平时一有空就去吃,你说多不多!"

叶哥的"会玩"不仅让我们部门出了名,其他部门也常常闻名而来,找他推荐好吃的、好玩的地方。

公司整体团建的时候,也是叶哥做策划。有一次,他的策划做得太好,以致老板都来打趣他:"小叶,你干脆去策划部算了,以后我们所有的策划都交给你来做,保证次次都是新花样。"

同事们也爱打趣叶哥:"叶哥,这么会玩,追你的女孩子一定有很多吧?给兄弟几个也介绍介绍追女孩子的方法吧！"

叶哥常常摇头一笑，转身就去工作了。我们以为他只是借工作回避这些玩笑，后来发现他整个人的神情都十分严肃，并没有假装的成分，这才知道他已经非常迅速地投入到工作状态。这一点，我们都无法做到。

叶哥的工作效率很高，处理各种问题也很快。不到三年，他就升到了主管的位置，成了大家都敬佩的、名副其实的"叶哥"。

懂得生活的人，并不都是不会工作的人。说是工作看效率，其实生活也看效率。工作是生活的一部分，甚至是一大部分。一个会生活的人，能够从生活中得到启发，自然也会工作。

所以，在生活中成为一个会思考、会玩的人，对于工作也是有意义的。生活中，我们常常会用惯性思维去思考问题，也会用经验去处理问题。因此，坚持思考，非常有助于提高工作效率。

有一种生活态度叫"游戏人间"，正是会玩、也会工作的体现。

游戏人间讲的是工作之外的生活，是一种对生活的热爱。它是一种精神营养，滋养着个人的生活。

只会死板工作的人，到头来什么都得不到；只爱玩的人，到头来什么也都得不到。这是因为他们忽略了物质生活与精神滋养的平衡，而这种平衡，是保障工作效率所必不可少的。

正确会玩小贴士：

①懂得什么时候做什么事。该玩的时候就疯狂去玩，该做事的时候就全力以赴去做，练就随时收心、随时放心的本领，工作效率便会提高。

②找到身体效率曲线，劳逸结合。每个人的身体都有效率曲线，首先你要找到自己一天中效率的最高值和最低值。在高强度、低效率的时候，休息一下再继续，相信你的效率会提高很多。

③在生活中坚持思考。工作往往是生活经验结果的体现，当你在生活中成为一个会思考、会玩的人时，工作中便会不知不觉地带着思考前进，非常有助于提高效率。

2. 慢半拍

I

在没认识杨欣以前,我以为只有张真是急性子,认识杨欣以后,我觉得张真在她面前简直不值一提。

杨欣的急性子不是急在行动上,而是急在心理上。她知道要克制自己的行为,却还是会不停地急。印象最深的一件事是,有一次她差点把自己吓了个半死。

杨欣在某房屋租售经纪公司工作,只要客户签了合同,其他任何事情她都不用管。在楼市萧条的那几个月里,每天她都急得像热锅上的蚂蚁,经常在我面前念叨同事甲又卖了一套二手房,同事乙又转租了一套房,而她自己一个订单都没有拿下。

有一次,好不容易遇见一位大客户要租几套房子给自己的员工住,杨欣高兴极了。她想着自己终于可以在同事面前扬眉吐气一把,便高高兴兴地跟客户跑了两三天,各种各样的房子都看了。

客户怕杨欣不高兴，总是哄着她："妹妹，你放心，房子我肯定要租，但得好好挑挑是不是？这笔买卖做成了，对你来说也很不错。"

杨欣一听，确实是这个理儿，又想着在楼市萧条的时候遇上这样一位大客户不容易，便笑着回道："我不急，您好好挑。"

可杨欣嘴上这样说，心里却急得不行。她偷偷给我发消息，各种抱怨："快点签约吧，签约了就放心了。"她还跑去跟组长说这单一定会做成，以致组长核算业绩的时候，把这个项目一并报了上去。

三天以后，杨欣收到客户的消息，说他已经租到了自己满意的房子。

杨欣就不停地给客户打电话，得到的结果是客户把她拉黑了。这下，她两头都交不了差，把自己吓得半死，好几个小时都不敢接组长的电话。直到下班打卡时间，她才回到公司。

组长问清楚情况后，没给杨欣好脸色看，最后无奈地拍了拍她的肩，说："凡事不要急着下定论。"

后来，通过其他同事打电话给客户调查他对公司服务的满意度，杨欣才知道，客户对她后面的工作态度十分不满意，回头跟别家签了合同。

这次吃了亏，杨欣心里虽有气，但开始从自身找原因。她发现自己每次做事都太急，于是给自己定了一个规矩：凡事只有等买卖做成了再下定论，否则就憋在心里。

杨欣吸取了之前的教训，做事变得十分谨慎和细微，成交单也渐渐多了起来。她会等项目签了合同的当天才上报，不再急于一时。

急性子的人总是觉得这件事一定会做成，而当事情发生变故的时候，自己却毫无心理准备，因此会失败得一塌糊涂。

心急吃不了热豆腐，真正成功的人，都能耐得住性子、稳得住情绪，凡事做成后再下定论。

II

"万年单身狗"朋友里，肖阳总让我们哭笑不得。

肖阳今年25岁，单身了25年，他最常说的一句话是："我要挣够了本钱再娶老婆。"于是，他做一份工作就梦想挣大钱，见一个喜欢的女生就幻想着跟她结婚。他不仅在脑海中想象这些事情，还要说给我们听。

说久了，肖阳便得了一个"整天做白日梦"的标签。但他不在乎。

第五章 精进：如何成为一个有学习力的人

其实，肖阳很勤奋，就是做事不踏实。

在公司，他常常跟别人高谈阔论哪个项目怎样好，但当一个项目到他手里时，他又会像烫手山芋一样立刻推出去；应酬时总是在关键时刻打岔子，要人家签合同，结果对方见他态度不佳，单子就黄了；家人介绍相亲，他一看对眼就向女孩表白，结果就是，他不明白为什么没有姑娘愿意跟他在一起……

有一次，肖阳被同行的另一家公司暗地里挖墙脚，对方告诉他工资比现在的公司高两倍，福利也很好。他便心动了，但他还是来询问我们的意见。

大家一致觉得，他这个工作没几年的人被其他公司高薪挖走这件事太离谱，劝他不要相信。但他不听我们的，还是立刻辞职了。

但等肖阳真正去报到时，才发现新公司的老板早已跑路了，而当初自己交的报名费也无法追回来。那时，正逢他喜欢的女孩子也表态拒绝了他，在双重打击之下，他颓废了很久。

等肖阳重新振作起来出去找工作时，他发现自己正处于一个尴尬的阶段——他既不是刚步入社会的新人，能忍受从底层做起；也不是工作经历资深的老人，哪里都会要。这时，他后悔极了。他明白过去自己做事太心急，而这样的性格给自己带来了许多麻烦。

肖阳立誓要改掉心急的毛病，变得谨慎起来。他找工作时会多番打听、多方位评估，才确定是否去应聘；遇见自己喜欢的女孩子，不是一上去就表白，而是先加好友，慢慢培养感情；生活中，他也变成了一个谨言慎行的人，凡事都要仔细想一想才去做。

慢慢地，肖阳终于成长为一个成熟的人。

在这个世界上，不乏成功人士和失败者。成功和失败，有时可能就是一步之差，但是那些想一口吃成个胖子的人，终究会失败。

当你的心中对成功的渴望占据了一切的时候，不妨想一想冲动的后果，慢下来等一等。等到事情尘埃落定，自己也了解透彻的时候再去行动。

Ⅲ

刚工作半年的时候，我曾被公司的同事张超所震撼，也深受他的影响，从一个做事心急的人变成了一个性格沉稳的人。

张超孤身一人来到深圳打拼，当时他主管整个公司的对外采购，平时需要购买很多生产原材料和员工所需的办公用品，清单列了满满一大摞，但他依旧很有耐心。

第五章 精进：如何成为一个有学习力的人

有一次，公司需要的一种原材料，供应商刚好没有库存了，现生产再运输肯定来不及。我们都急得团团转，张超反倒不见了踪影。等到快下班时，他却突然回来了，并且已经将材料样品备好，供我们挑选。

张超解决了这个大问题，也让我们安了心。同事问他为啥这么淡定，他笑着说："急没用，解决问题才有用。"

我对张超的这句话一直没有什么想法，直到他家里出了事，我才对他产生了由衷的佩服。

那天，张超问我们还需要什么东西，我们在列清单的时候，他在一旁接电话，神色凝重。我们察觉到了不妙，便问他发生了什么事，他只是说："没事。"

张超一向淡定，我们真的以为是小事，便没再多问。

张超一如往常地拿着清单，跟我们打了招呼，就开始跟供应商联系起来。等他做完所有的采购工作，也到了下班时间。

第二天我们再找张超时，才发现他没来公司。好奇的我问了问人事部的同事才知道，张超的母亲摔断了腿，他请假回家了。昨天，他依然坚持把一天的工作做完，然后交代好替代自己的同事所有的事情以后才请假的。

我在想：如果换作是我会怎样？一定会急得不知所措，甚至连工作的心思都没有了，恨不得立刻赶回家去。而张超拥有强大的心理素质，这让他坚持到了最后。

张超回到公司以后，我问他当时的心情。

他看着我说："其实，当时我的心也很慌，但是我马上做好了最坏的打算和最好的期望。最坏的打算就是母亲要截肢；最好的期望就是问题不大，做完手术能康复。当这两个问题'想好'的时候，我就不那么急了，自己该做什么还是要坚持做完。"

张超的话让我又"上了一课"。从此，我明白遇事就要做最好的期望和最坏的打算，慢慢地便也不再急了。

事情发生变故，会改变一个人原来的生活轨道，打乱他的节奏，扰乱他的心绪，让事情变得更加不可收拾。

但事情已经发生了就急不得，急也不能解决任何问题，反而可能添更多的麻烦。所以，遇事不妨先静下来，做最好的期望和最坏的打算，再慢慢去解决。

做事时想快速完成，遇事时手忙脚乱，整天做着一口吃成个胖子的美梦……到头来都是无用的。

这个世界上，很多事情其实都不受我们控制，反而当我们心急的时候会雪上加霜。因此，遇到急事，首先要明白急也没用，相反，应该慢下来，用自己的脑子想想，理性分析，学会做最坏的准备和最好的期望。

急事慢半拍，也是一种生活的学问。

慢下来小贴士：

①遇事理性分析，接纳不可控。事情不可能总是按照自己的预想发展，所以当事情发生变故的时候，不要着急，先理性分析一下，再慢慢去解决。无论成功或失败，都会有一个圆满的结局。

②没有人能一口吃成个胖子。做事心急，总想要快速得到结果，在过程中往往会出岔子。世上没有这种好事，我们要认清现实，脚踏实地。

③做最坏的打算，最好的期望。你需要明白，事情总是在你非常想要得到好结果的时候出现变化，结局往往不会理想。所以，在开始之前就要做最坏的打算和最好的期望，这样，事情的结果就会在你能接受的范围内。

3. 为你的人生瘦瘦身

I

有段时间，公众号掀起关于"删除没必要的朋友"的热潮。那时，朋友圈里的人一拨接一拨地扬言，要从自己的生活中删除那些没用的人。

小乐就是"删除大军"中的一员。

小乐的微信里有一千多个好友，但有将近四分之二的人是不联系的，四分之一的人在工作中偶尔联系，而仅仅只剩不到四分之一的人算是朋友。

看了公众号推文之后，小乐仔细反思了一下，突然发现平时打交道的都是那四分之一偶尔联系的人，但在自己有需要时能帮忙的却是那不到四分之一的人。

但是，在这不到四分之一的人里，又分为两种人：不联系但感情在的人，不联系感情就没了的人。而小乐，已经慢慢失去了一些好朋友。

第五章 精进：如何成为一个有学习力的人

小乐是个工作勤奋的人，他在朋友圈里经常发加班的自拍照。他喜欢分享生活，也喜欢跟人乐呵，因此，偶然间他爱上了打麻将。

小乐的牌友是那工作中偶尔联系的人，对他来说，只要能凑足人数，不管是不是好友，最后都会变成好友。

周末时间多，小乐甚至能熬通宵，等自己输得精光才离开麻将桌。回到家里，他精力全无，沮丧地躺在床上挨个回复微信消息。

注意到公众号推文的那晚，小乐刚打完麻将散场，他一个人晃悠悠地走在清晨的大道上，突然胃疼得坐在原地不能动。还是好心的路人把他送到医院，见他没事才离开了。

那天，小乐躺在病床上发了一条朋友圈，倾诉着自己的遭遇。当我们看见这条消息的时候，已经是晚上了。

我打电话问候小乐，不同于往常的是，他跟我说起了心里话。临到挂电话时，他突然跟我说："我好想你们。"

这让我惊讶，在我的逼问下，他才告诉我实情。

原来，小乐发了朋友圈以后，一直躺在病床上等点赞、回复，结果只有寥寥几人有反应。他一直反复刷新着，以为是网络信号不好，后来看见熟悉的朋友发了动态，心里终于明白自己已经失去了什么。

于是，到了晚上，小乐刚好看见公众号推文，就开始为自己的朋友圈"瘦身"。他把好友分成了好几个组,并花了一晚上的时间跟以前的好友聊天。

小乐说:"当他们回我消息的时候,我的内心感到了一阵温热——原来这些人才是我最应该关注的。"

一生中,我们遇见的人不计其数,而能成为朋友的少之又少。但因为各种各样的原因,我们常常会为了身边不重要的人而失去真正的朋友。这是一种人生的损失。

为你的朋友圈瘦瘦身吧,放下那些没必要的人,多花时间陪陪对自己好的人。一声"朋友"里包含了多少爱意和善意,那些陪我们走过的朋友,不应该放弃。

II

吴峰做了半年的保险推销员,我嫌他朋友圈每隔10分钟就发一条没用的动态,整天都像在朋友圈里洗脑一样闹腾,便把他屏蔽了。但他一直不知道。

直到那天,吴峰突然质问我怎么不去他精心安排的生日宴,我蒙了。他才发现我把他屏蔽了,也好像懂得了什么似的苦笑起来。

晚上,吴峰便趁我睡着之后给我发了一段话,大意是自己也过够了嘴里满是谎言,还脸不红心不跳的生活。

第二天，我直接回他一句："光说不做是假把式。"

后来，吴峰真的改变了很多。说请客，必定请客；说送家乡特产，必定送到家里来——说到什么便做到什么，完全不像从前那样了。

从前，吴峰的话都在嘴边，从不落实到行动上。因此，卖起保险来也是一套一套的说辞，说得人心动不已，业绩自然翻番。但一有问题，他就推卸责任给客服，永远这样说："先生（女士），这个问题不归我管，我们公司有专门的管理人员对接您的单子。"

吴峰刚开始做保险销售的时候，我们就曾调侃过他："不怕满嘴跑火车久了，以后生活中也没有实话了吗？"

吴峰信誓旦旦地回答："不会。"

事实上，做销售的第三个月，吴峰就变成了一个毫无信用的人——每次都答应周末来聚会，等到大家都到齐了，他却找各种理由爽约。实际上，他可能在家里补觉，睡醒爬起来后道个歉就完事了。

做朋友多年，吴峰的小心思瞒不过谁，我们都各种旁敲侧击地想把他拉回来，但他一直是这种态度：为了在职场活下来，没办法。

随后，便到了朋友之间尽量互不干扰的境况，吴峰这才在重重的刺激下意识到了自己的变化。那天晚上，他给每个好朋友都道了歉，说了一番肺腑之言。之后，任何答应我们的事他都会做到,再忙再累也会参加聚会,不辜负"朋友"这两个字。

吴峰的事告诉我们:真诚可贵。

没人愿意伤害一个对自己好的人,同理,没人愿意伤害一个对自己真诚的人。因为,真诚的可贵之处在于,它是沟通交流的基础。

社会环境的复杂往往会让我们失去自我,失去初心——忘记当初为什么出发,让我们的人生路越走越窄。所以,你该为自己瘦瘦身,让自己轻松而坚定地往前走,尽量不受外界的影响。

Ⅲ

小区物业保安中,有个整天都乐呵呵的金叔叔。

金叔叔嗓门很大,也爱管闲事。哪家的灯管坏了,哪家夫妻吵架了要人去评理,哪家老人生了病……只要找到他,他都会认真地帮助别人解决问题,于是他得了个"万事通"的称号。

但很多人不知道,金叔叔的日子过得很苦。

金叔叔一个月的工资也就3000元左右,他妻子在超市工作,工资也同样是3000元左右。但他们有两个孩子,

第五章 精进：如何成为一个有学习力的人

最大的孩子在读大学，另外一个还在中学阶段，正是急用钱的时候，金叔叔的压力不言而喻。但他活得很乐观，没让别人看出自己有压力。

大学毕业时，我把家里的很多旧书都整理出来，装了两大箱，打算拿到楼下扔掉。刚到楼下时，金叔叔却拦下我，要求我把旧书全部卖给他，那时我才知道他下班以后还在收废品。

金叔叔每天天不亮就起床，将昨天收集的废品卖了，然后继续收废品。他常常会在巡楼的时候把垃圾箱翻一下，将有用的东西都收走。

金叔叔靠卖废品和工资勉强支撑起一家人的生活，还好，上大学的孩子能兼职补贴家用。

我了解情况以后，常常会把家里原本要扔掉的瓶子、书本都收集起来，挑个合适的时间拿到金叔叔那里。刚开始我不收他的钱，他非要称重之后如实地付给我。时间久了，大家都有了默契，便不再互相推让。看到他笑，我非常开心。

有人问金叔叔："老金，你怎么这么喜欢笑？"他会如实回答："知足常乐。"

金叔叔的人生观很简单：能轻松地活下去，已经是上天的恩赐。而自己要过好每一天，哪怕每一天都是煎熬也要笑得灿烂，这才是真正的人生。

因此，金叔叔的笑是我心里温暖的一抹风景。这个在生活重担下还能笑得开朗的人，值得每个人学习。

有句话说：死容易，难的是活着。活着虽然有无数的可能，却也有无数的磨难等着你。大部分人都在磨难下活着，这能让人坚强，也让人成长。但也有被磨难打败后失去自己人生的人。

当你遇见磨难时，不妨转念想想，为自己的人生瘦瘦身，虽然负重前行，但不代表不快乐。有时候，负重也是一种动力。

很多时候，人生走着走着会在不知不觉中加重的。原因有很多，有环境造成的、有个人堕落的、有他人拖后腿的，但无论是哪一种，都不能成为真正的原因。

人生在世，很多东西都需要在过程中不断放弃。当人生不断加重，你就要不断瘦身——懂得舍弃，才有空间来让自己有所获得。

现在，如果你脚下荆棘丛生，别怕，那是提醒你是时候为自己瘦瘦身了，再继续出发。

瘦身小贴士：

①为朋友圈瘦瘦身，珍惜为自己好的人。虽然朋友多了路好走，但一些不必要的、只会拖自己后腿的朋友，该放弃时就要放弃。

②为初心瘦瘦身。社会前进的脚步日新月异，很多人都会因为处在某一种特定的环境中而渐渐丧失自己原本可贵的品质。想想你的初心是什么，是否有所偏离，如果偏离了该怎么回去。要记住，不忘初心，方得始终。

③放下身上的包袱，为自己瘦瘦身。每个人身上扛的担子有很多，活得都不容易，但这不能成为压抑自己的大山。转变观念，学会在负重前行的同时找到快乐，这很重要。

4. 精进，如何成为一个有学习力的人

I

大三是面临人生抉择的重要阶段，一边是考研，一边是工作，很难下决定。这段时间，班上的同学经常聊未来的打算。当班导做最后的统计时，班上几乎一大半的人选择考研，而小琪则打算工作。

到了大四，小琪突然问我考研的事，我给她耐心讲解了之后，她犹豫了半天，终于做了决定："我想考研。"

后来，她又真诚地问我："现在还来得及吗？"

我按照自己的经验鼓励小琪跨专业考研，就是选择一个相对简单的专业。她便毫无顾虑地加入了考研大军，甚至从没想过自己为什么要考研。

当我问及小琪为何改变主意不去工作而想考研时，本以为可以从她嘴里听出什么有用的信息，她却告诉我："大四没有什么课，太闲了，不知道能干啥。看到大家都在准

备考研,我就感觉很慌张,所以也想试试。"

我不知该对她说什么好了。

一向没什么主意的小琪,是班里最喜欢随大溜的人之一。本来大三时她已经做好了决定,却没想到大四上学期没有什么课,她就每天窝在寝室里看电视剧。而其他人每天很早就起来去教室复习,到寝室楼快关门时才回来。

刚开始,小琪没有多大的紧张感,但自己在寝室待得时间久了,看着我们为未来而努力,她就开始慌张。最后,她便选择了考研。她开始每天都跟着我们泡在自习室复习,但学了一个月便又懈怠了。

当清晨我们叫她出门时,她屡次推托,最后干脆说不学了。我们也就没时间跟她过多地浪费唇舌,由她去了。后来,几乎从我们出门到回寝室,她都躺在床上。

我们调侃她:"是不是要在床上过日子了?"

她很悠然地说:"找到工作了,心里不慌了。"

原来,小琪复习了一阵子之后发现自己不是考研的那块料,便趁校招末尾又去找了一份自己比较满意的工作。她现在有了目标,再也不会闲下来就慌张,反而心中藏着小海洋,等待时机就起航。

当一个人没有目标的时候,就会像没头苍蝇一样乱撞,越是闲下来,越会感到生活的重重压力,于是便越慌张。

这其实只是对未来没信心的一种表现，是心理上的崩塌。

这时，你需要去寻找自己心中的目标，明白自己的方向是什么，什么时候应该做什么事，再坚定不移地走下去。即使闲下来，有个目标立在那里，你也会从容淡定。

II

在我的认知中，闺密叶子一直是一个面对生活无论怎样都从容淡定的人，用她的话来说就是："做好了足够的准备，便不会那么害怕未来。"

但是，在毕业后的几个月里，叶子被现实击溃，立刻充满了慌张。她隔三岔五就给我打电话，说自己要被生活逼疯了，做起工作来很不开心。她还病急乱投医似的到处打听有没有什么好工作给她介绍，但又不肯放弃自己应届管培生的身份。

我劝叶子辞职重新找工作，毕竟像她学习成绩这么厉害的人，去哪里都不愁找不到工作。

但叶子一直没有回应我的建议，只是说了一句让我印象深刻的话："不敢随便辞职，是因为不知道自己能找什么样的工作——如果找不到下一份工作，闲在家里，我会疯掉。"

在我的思维里，辞职回家定是要玩些时日，放松一下自己再重新出发。但叶子偏偏因为害怕闲下来而不敢辞职，从工作能力上来判断，她比我厉害，我不懂她为何会比我害怕辞职。

后来，叶子所在的公司因为一些原因让她伤了心，最终她在我的鼓励下选择了辞职。可她在家里没待上三天，便又拉着我要帮她出主意。

那个下午，我们坐在星巴克谈论了很多行业，但我每每问及叶子所喜欢的、能胜任的工作，她都以"不知道"回我。我看她活得有些迷茫，便给她讲了各行各业朋友的工作性质，让她拣感兴趣的写下来，再从头去找。

叶子很忧心地问："我能找到一份自己满意的工作吗？"我点点头，鼓励她说："相信自己。"

最后，在我们的多番讨论下，叶子将目光锁定在了几个行业上。她便放开手脚开始参加各种面试，幸运的是，她很快找到了一份工作，月薪也让她比较满意。

叶子像获得了什么启发一样，回头兴奋地告诉我："原来有准备去面对生活是不够的，还需要明白自己想要什么。只有明白了这一点，才会在遇见很多变故时，不为偏离生活的方向而感到慌张，也才会更从容。"

后来，叶子又换了几次工作，但她再也不似从前那样，一辞职便心慌得不知所措，反而悠然自得多了。她说："不怕辞职，只怕找错工作。找到对的方向才是首要任务，不能先自乱阵脚。"

当我们不知道自己想要什么时，生活往往也是毫无目的、脆弱不堪的——只要有变故，你就会崩溃，即使你是一个做好了准备迎接风雨的人。

不要病急乱投医。从容淡定需要的是内心强大，而首要条件之一，便是你知道自己内心所喜欢的事情，那样才能不管忙或闲都能从容淡定地做自己。

Ⅲ

因为长时间写稿，我的肩部一直不太好，每周不去健身房锻炼一下，身体必要痛上几天。母亲便帮我办了一张健身卡，每周带我去上瑜伽课。

瑜伽班里的学员，几乎都是一些上了年纪的阿姨，但给人一股青春的朝气。因此，我们很快就打成了一片，我和龙阿姨正是这样相识的。

龙阿姨今年 50 岁，儿女皆在国外工作，她不适应国外的生活，便一个人留在了国内。我认识她时，她刚失业。每每谈到原因，她便对前公司好一阵批，随后笑着说："失业而已，怕什么，自己养得了自己。"

龙阿姨有底气说出这样的话，这也是我最佩服她的一点。虽然儿女都在国外,但她从未找儿女要过一分钱,全靠自己养活自己。而她的资本,便是年轻时通过不断学习积累下来的。

龙阿姨年轻时喜欢学习,只要是自己感兴趣的事情都要学。最开始,她只是一名超市售货员,但她不满足于这个职业。学历低,她就抽空去报成人本科自考,拿了本科证书,然后换了一份坐办公室的工作。

后来,龙阿姨想往管理方向发展,便又抽时间去读了MBA。再后来,她对会计证、预算证等感兴趣,又去自考了这些证。可以说,她的青年时代几乎没有停止过学习。

当然,龙阿姨爱学习可不止考证这么简单,现在的她也明白身体健康的重要性,便常常早起晨练。周末由于一个人在家,她便报了瑜伽课,跟我母亲一起结伴去学习。

失业以后,龙阿姨的证书便派上了用场,在一家文化公司做兼职会计,在另一家建筑公司做兼职预算,这些收入足够养活她自己。所以,哪怕闲下来不上班,她依旧底气十足,能从容不迫地生活。

近几年,龙阿姨喜欢上了钢琴,但由于工作太忙便一直没去学。现在可以了,她报了成人自学课,隔三岔五地去上课。有时在瑜伽房里,还能听到她放声高歌,一脸的自信,每每让我震撼不已。

只要是对于新技能的事情,龙阿姨都在一一学习。从舞蹈到乐器，再到瑜伽，她常常累到瘫在床上不想动，但依旧会乐此不疲地去做。我很佩服她年龄这么大了，还这么爱学习新事物。

龙阿姨常常教导我：多拥有一项技能，能为你的未来多增添一份保驾护航的功力。

这句话我一直记在心中，我也确实受了龙阿姨的影响，一直保持着学习的习惯。

一个人能从容地面对生活，是不可多得的能力，而培养这种能力要从生活中的小事开始做起。

多学习一项技能，便是为你的未来增添保驾护航的能力，即使失业了，你也不用害怕和慌张。

对一个人而言，从容淡定地做自己非常重要。但如何去做，却是一个问号。

很多时候，并不是面对繁杂的工作，自己想要淡定就能真的淡定，反而是越闲下来，越能测试一个人的心态——闲下来还能从容不迫的人，才是真的内心强大。

怎样才能做到越闲越从容呢？

找到自己的方向，明白自己所要的是什么很重要。更重要的是，要不断地学习。

从容小贴士：

①找到自己的方向。方向是一个人前行的指路明灯，只有明灯足够亮才能照亮脚下的路，不会在黑暗里慌张，跌跌撞撞。

②明白自己所要的是什么。你要知道自己想要什么，并为之不断努力，人生才会不偏离轨道，也才会在面对生活的暴风雨时步伐更加坚定。

③别放弃学习。学习使人明智，更使人不惧前行。学习最大的好处，就是让你拥有别人没有的能力。当别人停止的时候你还在学习，你会拥有比别人更多的机会和运气。

第六章

世界很忙，
余生请勿慌张

1. 情商高，就是会说话会办事

I

表妹今年读初二，但情商超越同龄人不少。她的高情商体现得最好的地方，便是面对生活中的任何风雨都能一笑置之，甚至比许多成年人都做得好。

表妹读的初中是贵族私立学校，里面的孩子大多都来自非富即贵的家庭。表妹的家庭虽然也差不到哪里去，但从小被父母教育要低调行事的她，在学校里并不像其他孩子一样爱攀比。

当女生们围在一起讨论哪个男明星帅、哪个同学家长开什么车时，从不喜欢参与的表妹便把重心放在街舞和乐器上；当大家讨论谁去过哪些国家旅游、吃过什么好吃的时，表妹也从不参与。

在她看来，这些话题都是幼稚的。

因此，在同学们的心里，表妹看上去非常清高又骄傲，但奈何她做事从来不会给人说闲话的机会，抓不住她小辫子的同学只能明里暗里各种排挤。

面对这些事情，也不管同学们说什么，表妹只是轻笑着回应："感谢各位高看我。"

直到有一次，几名女同学合伙欺负另一名女同学，全班只有表妹为那名受欺负的同学打抱不平，因为表妹长得高大一些。这件事情表面上算是解决了，但她成了众矢之的。

那时，对方为首的女同学扬言要找人教训表妹，她也只是笑笑，依旧每天认真学习、发展兴趣爱好，仿佛没事人一样。

我听说这件事后有些担心，为她鼓劲："你不要怕，咱家里人多的是。"

表妹耸耸肩，笑道："我们虽然年龄小，但打架也是犯法的。况且，我这么高大，谁敢动我？我一脚踹废她。"

表妹几句话就打消了我的担忧。

就是这样的表妹，班级里各科老师都喜欢她。一旦有机会，老师就让她作为班级代表去参加各种各样的比赛等活动。

好在表妹得了奖也从不骄傲，发表感言都要先从老师和同学讲起；没得奖时她也不气馁，反而给老师和同学打气，缓和气氛。

有一次，寝室的两名室友吵起架来，表妹把她们分开，然后挨个劝说，让她们免遭老师的批评，也缓和了同学之间的关系。

有时，表妹会笑着说："唉，我感觉自己成居委会大妈了，什么事都要管。"

表妹虽然才上初二，但她的高情商为她保驾护航，她在生活中的盔甲让自己成长，也让身边的亲人安心。

对任何一个人来说，情商是非常重要的。有人说，情商高就是在人前能说人话，遇事能完美解决等。但这些都是浅层次的情商。

真正的高情商，是在完美解决自己生活的同时，不让身边的人担心。我们要让高情商为自己的人生保驾护航，成为一个在生活中游刃有余的人。

II

朋友冰冰在生活中是个情商极低的人。

读书的时候，冰冰就曾经因为一张嘴得罪了班里所有人，连任课老师都对她失望透顶，但她从来不觉得自己有问题。后来，她干脆每次说出伤人的话之前，总要说："我本来不该说这种话的，但是我性子比较直，请谅解。"

第六章 世界很忙，余生请勿慌张

进入社会工作以后，冰冰一个人在离公司很远的地方跟人合租，每天早上要坐一个小时的车到公司，晚上下班再坐一个小时的车回家。

工作了好久，冰冰还是没有交到几个朋友。我曾问她为什么不多去跟人交往，她很激动地说："我交了啊，但是别人不愿意跟我交。"

为了了解冰冰的问题，我对她进行了深入提问。我这才知道，这么多年过去了，她在生活里依旧是低情商状态，一点都没进步——她还是把"我性子直"挂在嘴边，以这样的借口去伤害别人。

她喜欢当众评价别人。每次同事只要穿了她不看好的衣服，她总会问对方："今天你穿的是什么风格啊？之前没见过，是在淘宝店淘的便宜货吧？"

跟同事一起吃饭，她大声说："你这么大的人了，还掉饭啊？"于是，没人再愿意跟她一起吃饭。

回到出租屋，无论大事小事，她都要找室友帮忙。于是，室友觉得她事多，也尽量跟她保持距离。

就这样，冰冰成了生活中的孤独者，孤独到发霉，但她依旧觉得是别人的问题。

直到跟同事因为意见不合大吵一架，她被对方骂到心里的最痛处，大哭一场过后，她才忽然清醒过来，觉得确实是自己做得不好。

然后，她跑来找我，问她有哪些缺点，并且决定一点点改掉。最后，她给自己 24 天的时间去改正缺点，犯一次错便交给我 10 元钱。最开始，她几乎每天都给我交钱，边交钱边使劲骂自己。渐渐地，她竟能有一两天不交钱，看来她的毛病改了不少。

直到第 24 天，跟冰冰谈话，我突然变得很轻松愉快了，并且现在她已经能做到先思考之后，再慢慢把心中的想法说出来，整个人的状态也好了不少。后来，她给自己曾经伤害过的人挨个儿道歉，也得到了大家的原谅，朋友渐渐多了起来。

很多人常常把自己性子直当成挡箭牌去伤害别人，其实，这是低情商的表现——在伤害别人的同时，也伤害了自己。所以，最可怕的不是情商低，而是不承认错误。

一个高情商的人，首先会从自身出发，找出问题的原因，再找到解决问题的方案，并不断地改正自己的缺点，使自己和身边的人能愉快地相处，与生活握手言和。

Ⅲ

江姐是前公司人事部的主管，作为公司的主要管理层之一，她的情商是出了名地高。

第六章 世界很忙，余生请勿慌张

人事部的工作很杂，并且大部分是跟公司的所有人打交道，上到老板，下到基层员工。江姐高情商的第一个体现就是：与人为善，一视同仁。

公司里员工很多，江姐的办公桌在靠近门口的地方，每天都有很多人经过她面前。她特别喜欢在休息时跟路过身边的人聊天，经常逗得大家笑哈哈，也让办公室严肃的气氛缓和了不少。

江姐最让人喜欢的地方，就是她会换位思考，能切实地为大家解决问题。

有一个月，公司的经济效益不好，下午茶变成了简单的面包和牛奶，公司上下一片怨声。江姐立刻去请示老板，把原本按人头算的下午茶汇总，再用总数以整体的名义买了很多鸭脖及其他好吃的。

以前，下午茶是坐在自己的位置上吃，江姐把它变成了每个部门培养感情的时间——去指定的地方，大家围在一起欢声笑语地吃。

这样做既改变了下午茶的简单形式，也培养了大家的感情，江姐因此得到了许多赞扬。

公司的同事工作起来都很拼命，每天有很多同事会加班到深夜。考虑到安全问题，江姐便向老板请示了加班同事的餐费和打车费，确保让每个人安全到家。这事也获得了大家的一致赞扬。

有一次，一位男同事的老婆快要生了，他还没来得及请假，结果他在工作的时候，老婆突然意外早产。

男同事急得话都说不清楚，在江姐的办公桌前徘徊了半天。最终还是江姐看出了他的问题，并以部门主管的名义把他单独约到会议室，问清楚状况后，立刻让他赶紧去医院。

男同事依旧很纠结，因为请假需要部门主管批准。江姐拍了拍他的肩，说："老婆孩子还在等你呢，去吧，公司里有我。"听了这句话，他才放心地离开了公司。

这之后，江姐建议老板制定陪产假的休假规则以及各种假期的规则，同事们一片叫好。但她说："要感谢老板让我们拥有了这样宽松的制度。我相信，在这样的制度下，大家会创造出更好的业绩！"

江姐赢得同事的一阵掌声，也收获了老板的赞赏。

一个情商高的人，不只是帮助别人解决问题，更多的是要真正地站在别人的角度想问题，从根本上为对方解决问题。

情商高的人不会说"我帮你"，而是说："我已经把事情办好了。"心怀善意，让别人在得到自己帮助的时候更加舒适，这才是真正的高情商。

第六章 世界很忙，余生请勿慌张

情商很重要，但想要提高也比较难。一个拥有高情商的人，生活之路会更加顺利、稳健，但总结起来说，其核心意义就是要与人为善，活得通透。

没有人不喜欢善良的人，同理，没有人不喜欢情商高的人。当你面对一个情商高的人，你会发现连时光都会偏爱他，让你不知不觉中觉得他非常美好。

高情商小贴士：

①不让身边的人担心。人生不如意事十之八九，低情商的人只顾自己，而情商高的人会一边解决问题，一边让身边的人安心。

②勇于承认自己的错误。每个人都会犯错，在遇见问题的时候，我们应该先从自身找原因，换位思考，勇敢承认并改正自己的错误，与生活握手言和。

③站在别人的角度想问题。我们一直在思考，但真正能站在对方的角度想问题的人很少，情商高的人却能做到，并且以一种舒适的方式去帮别人解决问题。

2. 先做计划，再玩"手段"

I

谭蓉刚毕业时，常常发消息问我："我发现自己做事除了一腔热血之外，其他的都不会。"

那时我也算是一个"小屁孩"，不能帮到她什么，每次只能在跟她逛街时听她疯狂吐槽。

谭蓉读大学时学的是金融专业，但因为这一行特别看重履历，她找工作屡次被拒。后来，我给她简单培训了新媒体运营，她成功进入本地报社的新媒体部门。

但谭蓉毕竟是新手，她只知道最简单的后台操作，连排版都不会。因此，每天上班她都很苦恼。好在她是一个扛得住打击、心态积极、热情开朗的女孩，很快便调整了自己，开始跟着前辈一起学习。

实习期不到一个月，谭蓉却被部门同事标上了"做事只有热情，没有脑子"的标签。原因是：谭蓉每天从进门

第六章 世界很忙，余生请勿慌张

就抱着课件开始学习。

在谭蓉进单位的第一天，带她的老同事就给了一堆课件让她学习。她兴高采烈地接过课件看起来，每天只是坐在自己的位置上，也不跟别人多讲话，十分认真专注。

过了几天，组长以为谭蓉可以实际操作了，便把一项简单的排版任务交给她。她对组长下保证，一副誓不完成工作不罢休的样子。

但很快，谭蓉就打了自己的脸。

她发现自己对于操作一窍不通，要把课件里的知识落到实处真的很难。但她还是按照自己的方式进行排版，在交给组长前先交给老同事看——她满怀期待地等着自己的进步被老同事表扬，却被一顿批评。

老同事指出了很多错误，甚至让她重做。她看着后台，脑袋一阵蒙，一直发呆到下班。老同事见她犯了难，便又耐心教了起来，但她还是不停地出错。

这样做了两三日，最后，谭蓉还是不得不交给老同事来排版。

谭蓉觉得自己耽误了老同事做事，便抢着打下手，却只是添乱。老同事无奈地说道："你安静地坐在旁边，看我怎么做就行了。"

谭蓉便乖乖地坐在旁边，看着老同事拿着稿子，将整体风格进行定位，再将需要的材料分类整理好，把一切必要的辅助工作都做好之后再开始排版。按这样的流程走下来，不仅做得快，也做得十分漂亮。

最后，那篇推文得到了合作方的首肯，谭蓉和老同事也得到了夸赞。谭蓉很感谢老同事，因为这件事让她知道：做完一件事需要计划，做好一件事需要手段。当计划和手段一起使用时，做起事来就会更加完美。

慢慢地，谭蓉从一个只有一腔热血的姑娘，变成一个有计划、有手段的高效能人士。

心里有一腔热血，并不意味着可以做好任何事。当你不懂得事情的性质和做事方式时，无论有多大的热情，最后都会失败。

真正有意义地做事，是要懂得计划能让我们完成一件事，而手段能让我们更好地完成它。在做事情前动脑子，是完成一件事情最重要的前提。

II

在我们的眼里，韦韦做事情经常"不择手段"。

但韦韦的"不择手段"，并不是大家以为的用坏计谋去达成自己的目的。相反，他很善良，他在工作上的"不择手段"，是指他使用的是能快速达到目的的方法。

第六章 世界很忙，余生请勿慌张

韦韦现在负责公司的建筑规划招标，每次有项目的时候，他都要日夜忙碌地写标书，然后带着团队去竞标。

其实，韦韦最开始做的并不是这个岗位，而是建筑公司一名小小的行政文员。他学的是建筑专业，但从未真正地接触过建筑，即使进了公司也只是在做一些简单的工作。不过他的聪明之处在于，他会趁不忙时去学习各种技能。

他给自己制订了学习计划，一有空还跟同事讨论标书的制作。有一次，负责标书的同事生病了，他见机就毛遂自荐，但被部门经理拒绝了，理由是：你从来没有做过标书，做错一个地方的话投标就黄了。

韦韦见状，知道自我辩解没有用，只是默默地用了一个周末将剩下的标书做好。等星期一他把标书带到公司时，连老板都大吃一惊。

于是，韦韦很顺利地参与到了这个项目中，并且他在项目中的出色表现和应变能力也得到了老板的赏识。回来以后，他递交了转岗申请书，从此成了一名竞标师，也就是目前他所做的工作。

后来，我问韦韦："为什么你要在别人没有同意的情况下花一个周末去做标书？"

他回答我："想要做好一件事就应该不择手段，出手要快，措施要准，工作要实！这样的话，你才能抢在别人前面展现自己的能力。"

这也正是韦韦厉害的地方。他做了很多人不敢做的事，以自己的"手段"将工作落到实处，让别人看见了自己的才能。

韦韦还在很多地方都会"不择手段"，用他的话来说就是："为了更加快速地完成工作，有时候需要一些勇敢和特殊的方法并且立刻行动，那样才能在有效时间内抓住机会完成工作。"

在我们的常规思维里，光明正大地为自己争取利益是一件太招人眼光的事情，于是，很多人宁愿选择不去争取以此来"保全"自己。这恰恰是错误的想法。

想要做好一件事，不仅仅要靠计划，还要有勇气主动出手，以别人能接受的方式将事情完美地做好。

III

梁明是我大学同学中为数不多毕业后工作和所学专业对口的一个。

对于一个对口率不到5%的专业来说，梁明靠的不只是能力，还有不一样的"手段"。当然，这个"手段"并不是传统意义上的阴谋诡计，而是他面对每一份工作时都会比别人多花一点心思。

上大学时，梁明学的专业是工业设计，跟我学的机械专业方向差不多，但他主要做设计，而我主要进行实际操作，所以他需要掌握的软件比我多。但我在毕业找工作的时候转行做了文化这一块，因此，他没法跟我深入交流。

从大一开始，梁明就是班里不一样的存在。

工业设计的课程常常安排得非常紧凑，大多同学都是抱着应付的心态面对每一门课程，不求优秀，只求及格。最初，梁明跟大家的想法一样，认为读大学混个文凭就好了，毕业后找工作根本不会考虑本专业。

第一学期结束后，梁明的成绩在班上果然属于倒数。相反，班上的头几名全被仅有的几名女生包揽，这其中还有高中时成绩比梁明差很多的同学。

这让梁明的胜负欲达到了极点，于是，他下决心要好好学习。等到寒假回家时，他在行李箱里装满了厚重的专业书，利用整个寒假的时间补上了所有课程。

开学以后，梁明又主动跟任课老师沟通，了解到学好软件并不是做几个书上的案例就可以了，而是需要进行大量的实际操作。

梁明开始思考如何才能去实践所学的知识。后来通过朋友介绍，他利用课外时间，在网上选择了几份专业方面的兼职。

刚开始，梁明根本是两眼一抹黑，后来他凭着聪明才智加上所学专业完美地处理了一个课件，慢慢地，他越做越顺手，专业软件课也领先班上的同学一大截。

后来，梁明的毕业设计作为班级优秀作品在学院公示，最终只有他一个人成功地拿到了工业设计专业的 Offer，并且成功入职自己比较满意的一家公司。

谈到如何做好一件事的手段，梁明只说了一句："勤奋学习。"

有的人，失败之后只会自怨自艾；而有的人，则会选择用更多的时间、更多的精力来弥补自身的不足。有时候，做一件事不是失败在没有计划上，而是没有实行计划的好手段。

一个成功的人，懂得以计划为基础，然后找到实行计划的方法和手段，把计划履行到实处。这样才能做好事情，而勤奋学习、踏实肯干便是手段之一。

俗话说：三分天注定，七分靠打拼。想要做好一件事，单纯的喜欢做、会做是远远不够的，因为到最后，做得好或差都会反映在事情的结果上。

一个人的成功，是多方面原因促成的。你要记住：计划是一，"手段"是二。

第六章 世界很忙,余生请勿慌张

做好事小贴士:

①别用热情做事,要用脑子。做工作需要热情,但这不是主要的,如果只凭热情做事而不动脑子,最后等着你的只能是失败。所以,做事之前先用脑子想一想,做一个计划。

②好的手段是找准要点,有勇气地出手。勇气是做工作所需要的手段之一,它会让你在适当的时候抓住机会。所以,无论如何要鼓起自己的勇气,这是成功的关键之一。

③在有计划之后,要找准手段、方法做事。计划是做完一件事需要的清单,也是做好一件事的基础。当你有了计划之后,你需要找对适应工作的方法去解决问题,不妨多问问身边的老员工,他们有很多做事技巧。

3.高效能工作方法

I

周康是我认识的为数不多的博士生之一,他既聪明,学习能力又强,毕业以后顺利地进入一家金融公司做投资理财工作。

在开始工作的阶段,周康从未感觉到工作的重担,直到自己担任了重要职位才有了心理负担。他常常跟我讲:"工作以后,你会发现读书真好。但当升职以后,你更会感叹:待在底层,除了工资低,也是一个不错的选择。"

当时我没有理解他的后半句话,直到他升职以后来给我"上课",我才明白了。说是上课,其实就是分享成长中的一些变化。

周康的变化的确很大。

刚进入公司时,周康比很多员工的年纪都大,虽然职位也比部分员工高,但毕竟他对公司的业务处于摸索阶段,他会毕恭毕敬地向别人讨教。但令他没想到的是，没人肯详细地教他。

周康心里也不急，以为自己慢慢琢磨，总能对工作熟悉起来。可刚工作一个月，他便接到来自上级的第一个重要任务——引资。

作为新人，周康没有拉资金的人脉关系，也没有经验。他左右为难，最后只好硬着头皮找到领导，却只得到一句回复："你不是博士生吗？做这件事很简单的。"

周康负气地离开了领导的办公室。

经过多番打听，周康经朋友介绍终于找到了一位肯投资的老板，却在屡次交谈之后依然没结果。受到打击，又遭到公司的压力，那段时间他意志消沉，甚至陷入"自己没用"的纠结状态。

好在女朋友小静时时陪在周康身边开导他，他才从人生的低谷中走出来。

周康振作之后，从朋友那里学到了一个办法：复盘。他赶紧趁着记忆还在，把上一次的谈判进行梳理、总结。然后，他通过旁敲侧击向同事打听，知道有一位投资人张总正在观望，于是想办法结识了张总，先后多次谈判。

结果，周康成功引入了张总5000万元的投资资金，受到公司的嘉奖，还被领导要求写一份心得体会给全公司的员工看。

后来，周康便不再是那个不知道如何下手的新人，而是即使经历失败也不会气馁，反而更加斗志昂扬的管理者。他说，复盘可以让自己对整个过程掌握得更加清晰，即使失败了，下一次便不会再跌倒，所以不要害怕失败。

工作中，很多人因为害怕失败而畏首畏尾、止步不前，所以只能看着别人大踏步往前走，而自己始终没勇气大展身手。

害怕失败，只是因为你没找到失败以后该做的事情。此时，你应该静下心来，好好地将整个过程进行一次复盘，这才是做好一件事的高效工作方法。

Ⅱ

在所有高效的工作方法里，"列清单"是我最喜欢的，它执行起来简单，但提高效率却是最快的。我本以为很多人都已经开始用这种方法来提高工作效率，但有部分人其实想不到，比如同事雯雯。

雯雯的工作是运营编辑，但因为当时公司太小，她还被安排到前台，同时兼顾两项工作。不久，公司开始扩招，每天来面试的人有很多，她从早上开始便要不断地接待来面试的人，偏偏编辑工作占用她的时间也不少。

于是，在开会的时候，大家常常能听到雯雯的抱怨："这个问题之前我没想到，后面会注意的。现在每天面试的人太多了，我根本忙不过来。"

对此，雯雯抓狂不已。即使人事部多次告诉她已经在招前台人员，可始终不见下文。她去问过好几次，还是没结果。

有一次去吃饭，雯雯一路上不停地抱怨，另一名同事反问她："你一天都是怎么工作的？"

雯雯的心情还没有平复，气呼呼地说："早上打了卡一坐下，我就要整理和统计昨天的数据。然后，有人来面试，我就得停下来领他去会议室，端茶倒水。来来回回一上午就过去了，而今天的工作还没有开始做呢。"

末了，雯雯还加了一句："即使做，效率也不高。因为整个计划都被打乱了，我都不知道怎么干了。"

同事告诉她："那你就从下午开始计划做呀。"

雯雯争论道："大部分都是做了也没用，因为老是被打断，那就什么时候做都一样了。或者说即使做了，到了下班的时候脑袋也是一片空白。"

这时，我插了一句："你怎么做的？"

雯雯："就这样做啊。"

我追问："到底怎么做的？"

雯雯小声说："今天要做什么就去做什么。"

我继续追问:"有没有详细的?比如列个清单什么的。"

雯雯直摇头,很显然,她被我问住了。回到公司以后,我立刻把自己的笔记本拿给她看,仔细教她什么时间段要干什么,没有做完的事被打断后,过后先处理最重要的事。她好似受到了很大的启发,眼前一亮,顿时兴致勃勃地照着做起来。

后来,我们很少再听到雯雯抱怨什么,开会时也没有再听到她受批评。她做事变得游刃有余起来,我们都笑道:"她终于找对了工作方法。"

列清单,看上去简单又无用,所以,很多人选择性地不用这个方法,而固执地用着自己的一套方法。

其实,列清单是十分有用的,它是把行动落到实处的一个重要步骤。只有当看见自己清单里的"下一步"如何做时,才能更直观地去完成。

Ⅲ

我做自由撰稿人之后,通过朋友的推荐,偶然间跟一家项目公司的老板朱总有了合作。认识他时,他的公司刚有起色,正在全力打通各种渠道去进行产品宣传。

有一次,我去拜访朱总的公司。他是做海外产品电商销售的，已经引起了不错的市场反响，现在正准备扩大经营。还未见到他本人，我就已经被他们公司的企业文化深深打动了。

公司里最醒目的地方张贴着一张横幅：马上行动。这四个简单的大字，让人明显感到这家公司对顾客的诚意。

但最吸引我的还是"工作系统区"，就是把公司的一面墙空出来，给每个员工用圆圈划分一个位置，让大家各自在便利贴上写上自己的整个工作系统，然后贴在自己对应的圈里。

在那面墙里，你会看到会工作的人和不会工作的人的明显区别。

会工作的人，圈里满满当当都写满了自己的计划，没有一句废话；而不会工作的人，大部分都是在填充字数，讲不到位。有的甚至干脆就简短地写几句，草草了事。

我在见到朱总说了几句客套话之后，带着一丝疑惑，脱口问道："您为什么会有做这面墙的想法？"

朱总笑笑，谦和地答道："原因很多。最重要的原因是，会工作的人其实有自己的一套工作体系，但大部分管理者都要员工按照自己的要求去行事，这恰恰限制了他们的特长。所以，不如让他们将自己的特长展现出来，让他们在更加清晰地认识工作的同时，也让别人通过比较而去努力学习。这样，公司才会进步。"

精准提升：别让不懂时间管理害了你

朱总的工作方法给了我很大的启发，项目完成以后，我也开始静下心来考虑自己是否有工作体系。虽然我是自由职业，但不等于没有职业，而自由往往更考验人的自律。

很显然，我经过反思发现，我的生活是没有体系的——大部分时间我是按照自己的意愿去生活，因此，懒散便日渐加重。

我立刻拿了一张纸，写下自己每天特定的生活。比如，几点之前一定要起床，起床之后多久要去跑步锻炼，什么时候工作，工作流程如何，以什么方式结束工作，睡前要准备第二天的工作等。

把这些做成一个体系之后，我开始按照这个体系严格执行。因为自己本身对生活敏感，很快就有所改变和进步。比如，渐渐不再熬夜和晚睡，身体好了很多，最重要的是，工作效率提升了不少。有灵感的时候，我一天写上万字也丝毫不觉得疲累。

我也终于明白，"体系"很重要。

在成功人士的身上，我们常常能看到一种可贵的品质：自律。自律是高效工作必备的技能，但往往也将人们分成两极：自律的人会成功，不成功的人往往不自律。

想要高效工作，首先便是自律。而如何自律，关键在于要形成自己的工作体系——在体系中体现出来什么时间做什么事，工作效率自然会提高。

一个成年人的时间，大致分为两部分：工作和生活。努力工作本无可厚非，但每天的时间还须利用得恰到好处才能牢牢抓住关键点，在短时间里创造更多的价值。

所以说，高效工作手册能在很大程度上帮助人们提高效率。工作手册里，下面提到的三点是最小的习惯，但也是最重要且让人终身受益的习惯。让我们从这三点开始，加入高效工作队列。

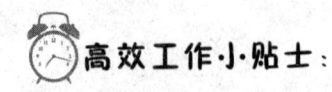

精准提升：别让不懂时间管理害了你

高效工作小贴士：

①对事情进行复盘。做任何事情，只有会总结经验才能获得成功。而最好的总结办法，就是复盘——把事情从头到尾冷静地想一遍，想清楚每一个地方，就能做好总结。

②列清单。将手中要做的事情一件件列出步骤来，然后一步步去完成。完成的打钩，没完成的打叉，监督自己一定要去做。

③有一个自己的工作系统。用自己的工作系统做事情，始终是保持高效的一种特别方法。建立自己的工作系统，工作就不会脱轨。

4. 世界很忙，余生请勿慌张

I

前同事林可在关于改变自己这一点上面，给我的印象很深。因为，一开始她给我的感觉是：一个有自己的想法和方法，做事井井有条的人。因此，她看起来很严肃，我可以跟别的同事嘻嘻哈哈，却不敢跟坐在旁边的她过多地说调皮话。

这是我们还未熟悉以前的情况。

后来，林可开始跟我谈人生，我依旧有一句没一句地应答，没察觉出她的变化。直到有一个周末，她用微信跟我聊天："我一直都不开心，我很羡慕你能做自己喜欢的事情。"

我才知道，原来林可一点儿都不喜欢这份工作。

林可一直是个很会做规划的人，但她的工作内容就是带几个小公众号，连运营都算不上，没有什么优势，也不

精准提升：别让不懂时间管理害了你

会很快升职加薪。她从小白开始做起，用了一年的时间努力学习，可一开始的规划和自己想要的成功并没有来临。

这份看上去还算将就的工作，其实枯燥无聊，更没什么前途而言。她想要转原创写稿，奈何自己从未写过什么文章，不敢尝试。

有个下午，我偷偷地跟林可聊天，听闻她最终的顾虑只是自己从未接触过写作而止步不前，便极力鼓励她迈出第一步。我对她说："学习是终身的需要，不要害怕自己是小白就不敢去挑战。况且，我还可以帮你。"

林可似乎只欠了我这一场"东风"，很快她就向公司提出转岗到原创写作。经过多番努力，她成功留在了教育栏目，撰写教育方面的公众号稿子。

第一篇稿子，她折腾了很久。最开始，她迟迟下不了笔，我让她无论如何先写出初稿。等初稿出来后，她被各种问题困扰，最重要的一点是，她的文笔连中学生都不如，她觉得自己很失败。

我和林可便花了整整半天的时间去梳理各种问题。她很聪明，学得也很快。

然后，她给自己制定了各种各样的目标，每天做什么，都计划得非常明确。

我从公司辞职以后，林可也偶尔跟我聊起近况，她依旧有很多写作技能需要学习，但她已经上手，不再像以前那般次次都要耗尽脑汁才能挤出几个字。

　　林可每天依旧很累,但开心了很多。因为,没有人会讨厌自己喜欢的生活。但让我最高兴的是,她从一个什么都写不好的人,到如今成了公司小公众号的主笔。她终于找到了自己的方向,并为之努力,这是最难能可贵的。

　　因为,有的人也许一辈子都过不上自己喜欢的人生。

　　为什么你努力了很久,奋斗了很久,想要的成功、财务自由还是迟迟不来呢?因为你没有行动,甚至连动都不想动。

　　会忙的关键点之一,是你忙的方向要正确。问问自己,你最大的希望是什么?怎么去完成?如果现在的生活与自己的期望相差甚远,你又不满意,为何不先去改变,然后朝着你的期望前进呢?

II

　　我一直觉得自己是个很俗的人,比如毕业后选择去深圳闯荡的原因。

　　大部分人以为我是想去追求更高更远的生活,其实,我只是冲着那份上万元的工资去的。我没有想很多,毕竟曾经跟对方合作过,工作靠谱,重点是工资比大部分一起毕业的同学高出很多。

于是我就去了深圳，可随之而来的打击却是沉重的。

原本在去深圳之前，我已经看上了所在公司附近的一家出租屋，谈妥了一切。但等我拎着大包小包辛苦到达时，照片上所谓的一人一间房，原来只是拍了一张床——在一间不到10平方米的小房间里，摆满了三张小床，屋里凌乱不堪。强烈的落差感，让身处异地的我崩溃至极。

后来，我临时住到青旅，准备等工作安定下来再做打算。结果工作的第一天，我就被老板训得抬不起头。

那时，我的工作也是做公众号运营，刚一去，我便被跟我年纪差不多的组长安排排版。从文字到做图，一切都得自己搞定，但对方提出了各种要求：要做动图，要截取视频，要精修。总之，这些都是我未曾尝试过的事情。

偏偏人家从来不会主动告诉我该怎么办，哪怕我主动请教她，也只会得到一句答复："你不是做过吗？这都不会。"

各种嫌弃、鄙夷，每天都在我身边上演。我陷入一种无解的循环里，做事越来越小心，越来越胆小，越来越不知道自己到底在做什么。

每当我坐在那个位置上，仿佛周围所有的眼睛都在盯着我、嘲笑我，好像我是公司里最不应该存在的和破坏和谐的一分子。

因此，对我来说，上班是一种煎熬，我几乎没有开心过。作为新人，我被打击得体无完肤，更加不敢主动去交友，变得越来越孤独。

终于，在快要崩溃的边缘，我提出了辞职。离职那天，我躺在出租屋里，突然感觉明朗了很多。我开始明白自己想要的是什么，于是转头去应聘其他公司。

在新公司里，我很快跟同事们走到了一起，业绩也很不错，每天快乐地上下班。我这才知道，世界上不止有一种忙，还有千万种生活环境——如果这个环境不适合你，不代表是你的问题，此时你要勇于改变现状。

很多人不敢尝试去改变自己或身边的环境，哪怕仅仅只是很简单地去做一件事，因为他们害怕失败就麻烦了。所以，他们宁愿被压得喘不过气来，也要死扛。可在这样的环境里瞎忙，后遗症不可想象。

世界很大，有着各种各样的生活方式，包括各种各样的工作，当你在目前的环境中感受不到快乐时，就要鼓起勇气去改变它。

世界很忙，但你不要害怕，你也应该找到适合自己去忙的方式。

III

在对工作目标和计划的制定上，好友陈珂是坚持得最好的一个。

在大四时，陈珂考了公务员，毕业以后便顺利进入区里的一家单位做起了办公室文员。

刚开始，陈珂的工作十分简单，包括写报告，整理会议资料，给老员工打下手等。但即使工作简单，她也不会忘记给自己制定一份总体计划和月度目标。

不过有一点我很不理解，陈珂每天都要在领导的询问下做事："小珂，会议资料整理得怎么样了？报告写到哪里了？""你能帮我点一份外卖吗？""有空帮我送一趟资料吗？"

在这样的环境里，大部分人待久了也会不舒服，但陈珂并不这样想。

在我的印象里，陈珂的脾气不太好，甚至算是典型的火暴脾气。于是，我假装调侃她："你不会这么会装吧？"

陈珂嘟嘴道："哪里会装，只是我有窍门。"

原来，为了让领导满意，为了每一次被催的时候有新进展可以反馈，陈珂会一会儿整理一下资料，一会儿写几行报告……

能够同时做的事情，她都会同时进行。如此一来，她兼顾了很多项工作,也让领导觉得她工作十分努力。

但陈珂也有迷茫的时候,比如做完上一项工作停下来时,就不知道要做什么了。还好,她做了工作计划表,她会看一眼计划表,很快切入到下一项工作里。

于是,工作不到半年,陈珂便得到了领导的认可。因为领导看中她是一个可以肩负起管理重担的人,加上她自身能力很强,便着重对她进行培养。

后来,陈珂被单位推荐去读了工商管理硕士,学费全由单位承担。她也不负众望,在不耽误单位工作的情况下,拿下了硕士学位。

陈珂也说:"其实,自己的脾气确实大,可是当看见自己写下要完成的目标时,焦虑的心情就会立刻释放,并且很享受去完成计划的时光。"

现在,陈珂在运用工作目标和计划上面更加熟稔了。她说,有一个确定的工作目标和计划,才是做好一件事最好的方法。因为,没目标的人是迷茫的。

本来一个人只能做好一件事,但奈何如今的工作都是几项往一块堆。如果一件事本来需要一小时做完,你却花了三个小时做完,那么,结果便是你的工作会导致整个项目被拖延至少三个小时。

一个人能同时兼顾几项工作,也是一种实力,但前提是：你要明确工作的目标和计划，才能让自己同时兼顾几项工作。

从早上睁眼开始，到晚上闭眼睡觉，每个人都在为自己的生活奔忙，所以，每个人每天所要做的事情都有很多。

这个世界是慌忙的，因为人们迫切地想要取得成功。但这样的成功不会轻而易举地来到你身边，即使你每天都在忙。

世界慌忙，你要会忙。而如何去忙，首先要有方向、有计划，那样才有成功的基础。然后，你要勇于改变自己不喜欢的现状。

会忙小贴士：

①有方向地去忙。有方向的生活是不会让人迷茫的，所以，找到自己的方向是首要前提。问问自己，方向是什么？如果不知道，就去寻找，或者去问问身边的朋友，或许你能找到答案。

②勇于改变自己不喜欢的现状。一种让自己不喜欢的现状，无论如何委曲求全都是压抑的。压抑的生活过久了，人也会变得压抑。所以，你要勇敢地走出去。

③有计划很重要。总计划和分计划能让你忙起来的效率高出百倍，也是你忙的一种思路。所以，每次工作时制订一份计划，按照计划走，你就不会白忙。